CARL MENGER'S
LECTURES TO
CROWN PRINCE RUDOLF OF AUSTRIA

卡尔·门格尔的经济学讲义

(Erich W. Streissler) (Monika Streissler)
[奥] 埃里克·W. 斯特里斯勒 莫妮卡·斯特里斯勒 编著

柏惠鸿 译

中国科学技术出版社
·北京·

Carl Menger's Lectures to Crown Prince Rudolf of Austria by Erich W. Streissler and Monika Streissler/ISBN: 978-185898-075-1.
Copyright ©Erich W. Streissler and Monika Streissler, 1994.
Published by arrangement with Edward Elgar Publishing Ltd.
Through BIG APPLE AGENCY, LABUAN, MALAYSIA.
Simplified Chinese edition copyright:
2024 China Science and Technology Press Co., Ltd.
All rights reserved.
北京市版权局著作权合同登记　图字：01-2023-4397。

图书在版编目（CIP）数据

卡尔·门格尔的经济学讲义 /（奥）埃里克·W. 斯特里斯勒（Erich W. Streissler），（奥）莫妮卡·斯特里斯勒（Monika Streissler）编著；柏惠鸿译. — 北京：中国科学技术出版社，2024.1

书名原文：Carl Menger's Lectures to Crown Prince Rudolf of Austria

ISBN 978-7-5236-0307-9

Ⅰ.①卡… Ⅱ.①埃… ②莫… ③柏… Ⅲ.①经济学—研究 Ⅳ.① F0

中国国家版本馆 CIP 数据核字（2023）第 220104 号

策划编辑	褚福祎	责任编辑	褚福祎
封面设计	创研设	版式设计	蚂蚁设计
责任校对	张晓莉	责任印制	李晓霖

出　　版	中国科学技术出版社
发　　行	中国科学技术出版社有限公司发行部
地　　址	北京市海淀区中关村南大街 16 号
邮　　编	100081
发行电话	010-62173865
传　　真	010-62173081
网　　址	http://www.cspbooks.com.cn

开　　本	880mm×1230mm　1/32
字　　数	108 千字
印　　张	6
版　　次	2024 年 1 月第 1 版
印　　次	2024 年 1 月第 1 次印刷
印　　刷	北京盛通印刷股份有限公司
书　　号	ISBN 978-7-5236-0307-9/F·1181
定　　价	59.00 元

（凡购买本社图书，如有缺页、倒页、脱页者，本社发行部负责调换）

本书旨在纪念赫尔穆特·H.哈切克（Helmut H.Haschek），他是奥地利监督银行（Oesterreichische Kontrollbank AG）执行董事会主席、金融专家、社会科学及美术的爱好者和保护者。他的离世对奥地利而言是一个损失。

▲卡尔·门格尔（Carl Menger）

▲王储鲁道夫（Crown Prince Rudolf）

前 言
从笔记中看卡尔·门格尔如何讲经济学

王储鲁道夫笔记的价值

1876年,卡尔·门格尔给奥地利王储鲁道夫讲授了政治经济学课,这门课程完整笔记的历史价值主要在于师生二人的共同努力。鲁道夫是一名18岁的年轻人,许多人将哈布斯堡王朝的未来寄托在他身上,然而他在1889年英年早逝,传闻他可能死于自杀,这件事直到1993年1月才成为奥地利的报纸头条。门格尔后来成为世界上最伟大的经济学家之一,是历史悠久的奥地利经济学院的创始人,也是当时著名的大学教授。这些笔记大多由鲁道夫手写、门格尔修正;笔记[①] Ⅰ 和笔记 Ⅱ 有一部分实际上是门格尔的笔记。因此这些笔记可以作为这一系列授课的证据。1986年,研究鲁道夫的历史学家和传记作家布丽吉特·哈曼(Brigitte Hamann)博士在奥地利国家档案馆发现了这些笔记,它们至今仍保存在那里。

[①] 本书前言中的"笔记"及其编号均指王储鲁道夫的笔记原稿及其原编号,为保持原书行文,予以保留,不同于本书目录中的编号。——编者注

撇开师生二人的特殊身份不谈，这些笔记是关于历史思想的无价之宝：在教育历史学家看来，这些笔记的迷人之处在于如何通过简短的课程向可能造成很大政治影响的人讲授复杂主题，要知道一直以来奥地利帝王的亲政程度非常之高。笔记还可以反映出鲁道夫这个聪明的年轻人对所学课程的接受程度。由于教学内容几乎完全可以从门格尔当时可用的资料中复原，今天的读者仍然可以根据笔记衡量学生鲁道夫的学习能力。通过梳理笔记中门格尔在当时认为重要的内容和教学方式，可以间接了解120余年前奥地利的政治条件。

这些笔记对经济思想史也有着非常大的价值。经济理论家门格尔开创了一个流派并让其发展了至少四分之三个世纪，而他在经济理论方面的写作量相对较少。由门格尔批注的鲁道夫的笔记为我们呈现了门格尔的另一面，与经济思想史中的门格尔有所不同。宣称与门格尔思想有关的新奥地利学派在美国和英国蓬勃发展，已经成为当今经济推理的主要范式之一。相比新奥地利学派内部人士，有更多圈外人将这一理论学派与经济政策上的经典自由主义立场联系在一起。这种政治倾向是由门格尔本人造成的吗？这个问题很难回答，因为门格尔仅教授经济学理论（和公共财政），几乎没有发表任何关于经济政策基本问题的文章，他与这个话题相关的最重要的作品是一篇冗长的报纸文章。然而他给鲁道夫讲的课大多与经济政策有关，这表明门格尔是一个纯粹的古典经济自由主义者，而且他所研究的经济学是以亚当·斯密的著作为基础的。这一点也让人感到惊讶，因为在门格尔出版的作品中，他虽然详细介绍过亚当·斯密和他的理论，却很少直接引用这位他尊敬的学者的观点。因此鲁道夫的笔记在许多至今广受讨论的重要问题上令人惊喜不断。

门格尔授课时的现实环境

门格尔被安排为鲁道夫讲授经济学时还很年轻，在学术方面资历尚浅。他出生于1840年2月23日，在1876年年初第一次授课时他还不满36岁。此前的八九年时间，他认真研究经济学，据他所说，第一次看经济学著作是在1867年9月。他在1871年出版了自己的第一部经济学著作，也是他的成名作《国民经济学原理》（Principle of Economics）。1872年，他通过了大学讲师的考试，并于1873年秋被任命为全职教授（副教授职称，维也纳大学法律和政治科学学院）。换而言之，他的教学经验相当有限，只有1年的兼职授课经验和两年半的全职授课经验。虽然当时他还只是副教授职称，但3年半后，他就获得了正教授职称,这很大程度上要归功于他为鲁道夫授课的经历。作为维也纳法学院的经济学正教授,他不仅具有很大的影响力和声望,报酬也相当可观,因此背后的竞争非常激烈。鲁道夫的父亲,即国王本人授予了门格尔正教授的职称,事实上其他人对此并不情愿,他们更喜欢另一位保守派候选人,即来自因斯布鲁克(Innsbruck)的教授卡尔·西奥多·冯·伊纳玛-斯特内格[①](Karl Theodor von Inama-Sterneg,在未来的许多年里他一直是与门格尔争夺社会地位的竞争对手,并常常取得胜利)。此外,如果门格尔给鲁道夫留下了深刻印象,假设鲁道夫顺利即位,10年或20年后,门格尔就很有可能被授予重要行政职位,甚至是总理这样的高位。这种情况在法国或英国等高度君主制的国家发生过不止一次,君主过去的老师成为受益者(然而鲁道夫在13年之后去世了,因此这次任命并没有对门格尔后来的职业发展产生帮助)。简而言之,1876年,门格尔处于紧张而危险的环境中。

门格尔即将接受的岗位同样非常危险:在王储教育的意识

[①] 1879年1月31日致部长的信中提到,评委会更倾向于选择伊纳玛-斯特内格,他们也尝试了谈条件(但最终没有成功):如果必须接受门格尔成为教授,那么也要任命伊纳玛-斯特内格为布拉格大学(当时奥地利排名第二的大学)的教授,并且任命埃米尔·萨克斯(Emil Sax)作为副教授。

形态原则问题上，国王背后的保守派智囊团与王后背后的自由政治家和知识分子之间持续存在分歧。门格尔给鲁道夫讲课时正是经济萧条最严重的阶段。在1867—1873年格林德泽特繁荣时期，更加开放的、以市场为导向的经济思想曾短暂发展，而1873年5月的股市大崩盘为这一切画上了句号，贵族们再次转向保守主义。自由党仍然当权，但遭到了剧烈打击。三年半后，塔菲伯爵（Count Taaffe）在奥地利开始了一段长时间的保守统治。

门格尔被选为鲁道夫的老师不仅是因为他的自由主义观点，还因为他是拥有纯正奥地利血统的冉冉升起的经济学新星（他的对手伊纳玛-斯特内格出生在德国而不是奥地利）。但成为王储的老师并不意味着必然的成功，相反可能会因为政治原因被罢免。事实上，门格尔确实成了王储及其家人最信任的老师之一，之后他陪同鲁道夫去英国等地游历，学习研究当地的经济和社会条件，甚至与鲁道夫合作出版了鲁道夫的作品。

笔记内容

给潜在的君主继承人授课是一项微妙而艰巨的任务，门格尔会如何处理呢？他采取了既明智又经济的方式：他在课程中几乎完全没有提及个人观点，并且不以自己的出版作品作为材料。相反，他讲授的几乎都是当时闻名世界的前人的作品与观点。他甚至没有对这些书中的内容重新排列组合，而是几乎按照原来的顺序一个接一个，甚至逐字逐句地讲解其中的思想。通过这种方式他能确保自己免受批评与挑剔。此外，他在授课过程中用到的书很少，并反复提及其中的观点，这一点从笔记内容中可以看出来，这样做也可以使他的工作更容易一些。促使他做出这种决定的原因可能是给王储讲授的主题不同于他在大学教授的课程：他主要教王储的是经济政策，而在大学里教的课则严格局限于经济理论和公共财政，经济政策由他的同事洛伦茨·冯·斯坦（Lorenz von Stein）教授负责。

门格尔使用的最主要的教材不是奥地利的，而是卡尔·海因里希·劳（Karl Heinrich Rau）所著的标准德国教科书，第一卷（关于经济理论）出版于1826年，恰好比门格尔给鲁道夫讲课的时间早50年。这本教科书共有4卷，第二卷涵盖了经济政策（首次出版于1828年），第三卷和第四卷涉及公共财政（分别于1832年和1837年首次出版），那个时候第一卷理论部分已经出到第八版了。也可以这么说：当时门格尔使用了劳在50年前出版的书作为教材，这就好像今天我们也在用保罗·萨缪尔森（Paul Samuelson）在45年前首次出版的《经济学》(*Economics*)一书作为经济学入门教材差不多。不仅如此,劳的理论卷正是门格尔自己在大约 8 年前开始钻研经济学时最早看的书。劳是巴登大公国杰出的前首席经济学家,他已去世,他曾是海德堡的教授、巴登枢密院顾问、奥地利科学院荣誉成员。

这样看来,门格尔选择的教材在当时已经有些过时了。更令人惊讶的是即使是劳的这本书,也只是用于部分细节说明和案例研究。整套课程的结构和大部分论点都来自亚当·斯密的《国富论》,当时距离这本书出版已经有 100 年了!这是不是因为有人,比如负责王储教育的拉图尔-瑟姆伯格伯爵(Count Latour-Thurmburg),一位受过高等教育的自由派将军,建议将亚当·斯密的观点作为课程基础?还是因为门格尔自己非常崇拜亚当·斯密以至于认为没有其他理论能超越他的?无论如何,亚当·斯密的理论无疑是经典,可以被认为是西方文明经典的一部分,所以基于他的理论进行授课也是一种安全的处理方式。

然而像门格尔这样完全照搬亚当·斯密的理论似乎并无必要。劳虽然深受亚当·斯密的影响,但他也没有这样做。对笔记的详细研究表明,事实上课程主要遵循亚当·斯密《国富论》的第一卷,只做了少许微调。由于亚当·斯密的思想和论证过程常被提及，很容易就能确定门格尔参考并使用了他的思想。

在笔记Ⅰ中，门格尔首先给出了经济学的定义以及一些新德国学派的基本概念（例如商品、节约等），然后从劳动分工开始讲起。接下来门格尔与亚当·斯密的展开方式略有不同：他没有继续讲亚当·斯密提出的人类以物易物的交换倾向或劳动分工受市场范围限制的事实，而是讨论了私有财产作为交换和劳动分工的基础（笔记Ⅱ），然后是机械的使用、创业活动和使用各种类型的资本作为收入来源（笔记Ⅲ）。但即使是这种不同仍然与亚当·斯密的思想关系密切，因为亚当·斯密认为"原始积累必须……在劳动分工之前"。事实上，这两份笔记很大程度上依次借鉴了《国富论》的章节。在笔记Ⅲ的末尾和笔记Ⅳ中又回到了《国富论》的第一卷，关于价值的讨论与亚当·斯密的逻辑高度一致。笔记Ⅴ讨论了金钱的起源，仍然与亚当·斯密《国富论》中的内容高度一致。然后门格尔第二次与亚当·斯密的思路产生偏离：笔记Ⅵ和笔记Ⅶ讨论了政府的正当职能。这是一个典型的亚当·斯密学派课题，但在这里门格尔更多借鉴了劳而非亚当·斯密的观点。基于劳的思想，门格尔推导了一个统一原则：只有在由于外部影响而导致市场失灵的情况下，政府行为才是可以接受的，这被认为符合亚当·斯密所说的3种政府职能的第三种。对于市场失灵这种有严格限制的情况，笔记Ⅷ和非常短小的笔记Ⅸ立即通过政府在奥地利纸币问题上的错误进行了说明与平衡。在整个课程中，只有在这里门格尔是完全独立的：在这里他讨论的是奥地利政策的专题问题，而不是经济理论问题。门格尔对这两份笔记的大量修订表现出深深的不安。接下来又回到了《国富论》的第一卷：笔记Ⅹ讨论了工资，但主要关注的是不同工种中工资结构的差异。笔记Ⅺ讨论了利息，而笔记Ⅻ则是关于土地租金，完全是《国富论》中的一连串主题。笔记ⅩⅢ在按要素定价的理论后提出了商品定价理论，尽管与亚当·斯密的阐述略有冲突，但这部分确实符合亚当·斯密的逻辑。最后两份笔记是5个月后的另一门课程，主要关于税收，这也是《国富论》第五卷的主题。门格尔以这个主题结束了他的课程，而《国富论》也是以这个主题收尾的。

门格尔对亚当·斯密的依赖甚至比以上列出的更多。门格尔参考了劳的综合教科书的四卷，主要都是关于亚当·斯密多多少少涉及过的主题，而劳只是做了一些延伸。门格尔似乎每时每刻都在检查他所教的东西是否在他的"学术圣经"——《国富论》中提到。这种对亚当·斯密的依赖在当时是相当不寻常的——即使在更依赖亚当·斯密而非当代英国经济学的德语经济学著作中也是如此。除了亚当·斯密和劳的作品之外，门格尔只参考了少量其他的德语教科书，主要包括威廉·罗雪尔（Wilhelm Roscher）的《经济学基础》（*Grundlagen*），这本书在19世纪后半叶取代了劳的作品，成为新的标准德语教科书，而门格尔4年前在自己的《国民经济学原理》一书中就提到过罗雪尔。笔记中的一些段落可以追溯到赫尔曼（Hermann）、里德尔（Riedel）、夏弗勒（Schäffle）和斯坦（Stein）的观点，他们都是著名的教授，他们都写过教科书，部分内容在很大程度上有所重叠，但有时几乎可以非常确定门格尔引用的具体来源，因为一些特殊的词被原封不动地记录了下来，或者因为论证的排列顺序非常精确可以被识别出来。有至少一个重要观点只能追溯到彼得·米施勒（Peter Mischler），他是门格尔的老师，这是我第一个发现的来源——门格尔自己从来没有提到过他。门格尔比他所承认的更依赖米施勒。

一个面包只用了区区几种原材料，这听起来多少有些无趣。门格尔照猫画虎地参考了少量标准教科书和一本世界经典，他对思想史感兴趣，这一点是毋庸置疑的。毕竟，门格尔向鲁道夫展示了亚当·斯密《国富论》不超过10%的内容（以非常简短的形式）以及劳4卷作品中不超过1%的内容：这种选择本身就很棒。鲁道夫的笔记本让我想起了一位学者曾经交给我的第一份研讨会论文：全文都是引用。但这些引用经过了精心的排列组合，最终呈现的结果不再是被引用者的观点，而是这名年轻的学者自己的观点。

门格尔使用了同样的技巧把自己隐藏在这些权威背后，正如我前面说过的，这表明他对自己所处的位置感到危险和不安。不仅如此，他还是个省略方面的艺术家，既包括对某些主题，也包括对某些论点的省略。我将在后文详细介绍笔记这方面的细节。

通过在论述中引用"前人"的话，门格尔得以展示他自己的世界观和他本人对经济政策的观点，但并不能展示他的新理论框架，因为他的新理论在前人的著作中根本找不到对应。但这让我们对门格尔本人的优先级评判有了深刻的理解：显然，对他来说最重要的是经典的自由主义政策立场和个人主义的方法论，他可以通过选择性引用亚当·斯密、劳和其他人的观点充分传达给鲁道夫。顺便说一句，这进一步说明了他使用前人的著作和教科书的一个原因：它们比许多当代经济学书籍要更加自由。门格尔显然也更喜欢前人的意识形态。另一方面，作为主观价值理论的创造者，门格尔似乎并没有意识到，在许多情况下，他教给鲁道夫的观点与他自己认为唯一正确的理论是相反的。这可能意味着主观价值理论对门格尔本人来说并不像对他的追随者和他的学生那样重要。

门格尔的教学方法

为了说明门格尔在选择方面的技巧，我们首先要转向讨论门格尔的教学方法。因为笔记也可以被看作经济学教学的方式，对笔记的分析也是一种对教育的研究。正如已经被普遍证明的那样，门格尔是一位了不起的老师。

鲁道夫出生于1858年8月21日。在集中授课期间（1876年1月至3月），他是一个快18岁的年轻人，非常聪明，受过良好的教育，对课程内容充满兴趣，但同时也非常紧张和高度敏感。这是一门经济学速成课，是鲁道夫在门格尔擅长的经济学领域的第一门也是最后一门课。如何能引起这样一个年轻人的注意和兴趣呢？门格尔使用了一种看起来颇为现代的方法，但实际上却相当传统：他主要使用了案例研究与理论论证相结合的教学方法。在这些案例研究中，他经常不得不使用亚当·斯密的作品以外的其他信息来源。

在笔记Ⅱ关于私有财产重要性的部分，门格尔通过使用反对私人财产的论点引出了对节俭和主动性的激励。当然，在这里关于反对私人财产的论点会被全盘否定，因此门格尔使用了罗雪尔在其教科书中巧妙整理出的论点。紧随其后就是现代化的生产依赖于各种机械，其中大部分是最近才发明出来的。这种处理是乐观的，比大卫·李嘉图著名的"关于机械"的观点要乐观得多。门格尔通过引用非常乐观的作者普鲁士人里德尔（Riedel）以及他自己的老师米施勒对里德尔观点的阐述实现了这一点。虽然笔记Ⅲ是纯粹的理论，几乎完全遵循亚当·斯密的思想，但笔记Ⅳ中出现了一个乍看之下似乎并不合理的案例研究。这份笔记主要是关于价值理论（紧跟亚当·斯密的观点），并以案例研究分析了小型手工业的可行性。其中的联系在于：人们的偏好从对手工艺品的需求转移到了其他方面，因此不能（或不应该）采取任何政治措施来对抗手工艺生产不可避免的衰落和消亡。这个案例研究取自劳的作品，并使用了亚当·斯密的一些论点。这里有一个观点是门格尔自己的，即产品分化的重要性，但奇怪的是在这里门格尔用这个观点来反对而不是支持手工业制造商的生存，他认为手工业制造商过于保守和传统，不愿抓住产品分化的机会。关于金钱起源的笔记Ⅴ是非常亚当·斯密式的。在讨论了"产业政策"——或者更确切地说，保护现有产业是非常无用的，并讨论了与钱有关的话题后（主要说的是制度根据人类需求发展以及所有权不应被篡改），门格尔转而讨论了指导政府行动的一般原则，这些内容记录在两份名为《论政府干预经济的效益与限度》(*On the Benefits and Limits of Government Intervention in the Economy*) 的笔记中，涉及的话题都符合亚当·斯密所说的政府职责：

> ……尽可能保护社会的每一个成员免受其他成员的不公正和压迫的责任……建立和维护某些公共工程和公共机构的责任，并且永远不能为了任何个人或少数人的利益而建立和维护……

除了亚当·斯密之外，实际的讲课内容非常依赖劳的思想，他提出的外部效应理论使亚当·斯密所说的政府职责中隐含的思想变得更加明确。这部分涉及两个案例研究，一个关于劳动规则（工作时间和工作条件）和童工，另一个则是关于防止森林砍伐的森林管理。两者都取自劳关于经济政策的书。接下来的两份笔记可能会被认为是关于奥地利因滥用纸币而滥用政府权力的案例研究。笔记 X 回到了《国富论》的主线，提出了工资理论，并在接下来的案例研究中进行讨论，该案例关注公务员的薪酬问题。这些理论几乎都来自亚当·斯密，尽管亚当·斯密并没有讨论过公务员的工资，因为公务员这种职务在他那个时代的英国几乎是不存在的。门格尔讨论公务员薪酬时完全使用了机会成本理论，将其工资作为对必要的高等教育成本和执行公务成本的补偿。当然，公务员薪酬案例是最合适王储的案例研究，因为这是从政府角度出发的工资理论。再下一个案例研究也是如此，这里通过对决定政府贷款利息因素的讨论提出了利息理论，这一话题给了门格尔另一个机会来强调在政府事务中节俭和财政清廉的必要性（在这里他不得不更多地依赖劳而不是亚当·斯密，除此之外还引用他的同事洛伦茨·冯·斯坦的公共金融著作中唯一的古典自由主义论点：在债务管理中需要谨慎正确的交易）。笔记 XII 中出现了一个案例研究，这次是租金理论：这里唯一的问题是讨论为什么土地租金在现实中不断上涨，从而使贵族更加富有。再一次，门格尔使用了亚当·斯密的理论，同时展示出也许所有经济学家最常见的能力之一：即错误预测的能力（在几年内，由于从美国和其他新发达国家进口玉米，奥地利的土地租金开始下降，这对奥地利拥有土地的贵族造成毁灭性打击）。笔记 XIII 中有大量篇幅都是关于饥荒案例研究的，在这里门格尔没有提出系统的商品价格理论，而是讨论了饥荒的问题。政府是否有必要干预玉米市场的定价过程？不，因为这是不必要且无用的。门格尔引用了劳的观点，而劳实际上是详细阐述了亚当·斯密的几段话。最后两份关于税收的笔记则是门格尔自己的学术领域——公共财政。这两份笔记中关于税收的观点使用了劳在其两卷公共财政著作中对亚当·斯密观点的阐述。最后这几节课程的笔记读起来有些枯燥，对鲁道夫来说一定也相当困难（从门格尔对鲁道夫手稿的大量修改也能看出这一点），因为这些课是在暑假期间讲授的。这两份笔记看起来都是在帝国的避暑胜地写完的，最后的日期是1876年8月11日，在鲁道夫18岁生日前不久（其他笔记的日期是1月到4月）。

再来看看讲课技巧，门格尔通常先对要分析的主题进行简要概述，然后详细阐述这个主题，最后重复一些关键问题。鲁道夫之前没有上过经济学课程，也没有接受过注释说明方面的培训，因此没有被要求按照自己的逻辑（而不是上课的顺序）重新整理论点。因此，在某些地方他的描述显然是重复的。再加上混杂在理论观点中的许多案例研究，使得这些笔记有些混乱和缺乏系统性。如果想要看到这些笔记的整体性和核心逻辑，就必须对逻辑秩序进行重新排列。基本上我们现在看到的是关于教学方法的原始资料，还没有被结构化为赏心悦目的整体。

在帝国教育中，记忆训练对哈布斯堡家族非常重要。毕竟，一个未来的皇帝必须记住无数的法律法规、无数人的名字以及多种语言（鲁道夫精通德语、拉丁语、法语、英语、匈牙利语、捷克语和波兰语）。因此，鲁道夫被要求专心听门格尔的课程，尽量不做笔记或只做最少的笔记（至少与其他一些课程相比，档案中没有关于政治经济学的"草稿"）。鲁道夫不得不通过回忆把课程内容写在笔记本上。据我们所知，他在写笔记时并没有任何教科书可以阅读或参考（否则，门格尔由于明显的意识形态原因而刻意跳过或省略的原文中的句子会不可避免地出现在笔记中）。然后这些笔记被交给门格尔进行修订。门格尔很少删除重复的内容，只在少数地方调整了观点的顺序。仅有的例外是关于奥地利纸币的笔记，这节课程门格尔没有把自己藏在别人的教科书背后，他对这份笔记进行了大量修订以至于不得不重新誊写。此外关于税收的笔记也有大量修订痕迹，而通常门格尔只会纠正某些单词或短语。因此，笔记的大部分文本都出自鲁道夫之手。门格尔这名学生的能力实在是令人惊讶：鲁道夫表现出了近乎完美的记忆水平。在很多情况下，仅从鲁道夫原封不动记录的一两个特殊的词就可以推导出门格尔具体使用了哪本德语教科书。笔记中各种详细观点的顺序几乎与教科书中完全一致，而这些都是王储在上课之前完全不了解的。通常在比较长的论述中会对主要观点进行重复；有时可能是门格尔自己简化了推演逻辑（事实上有时可以发现他跳过了自己不喜欢的观点）。读者可以很容易地通过脚注找到这些内容，从这一方面说明门格尔的授课几乎完全没有脱离教科书，另一方面也说明了鲁道夫相当准确地记录了门格尔在课上讲授的内容。这些笔记无疑证明了门格尔教学上的成功。

课程的内涵

除了少量简单的评论和一定程度的夸大，我们可以肯定，总的来说这本笔记忠实地记录了门格尔所说的话。那么，这些课程对门格尔的意识形态立场产生了什么影响？对于他作为纯粹的古典自由主义者的程度以及他所支持的政策建议又有什么影响？

人们之所以对门格尔在经济政策方面的具体思想感兴趣，主要是因为当下在美国和英国蓬勃发展的新奥地利学派有着明显的、公认的政策偏见以及奥地利学派的最后一代，特别是F·A.冯·哈耶克（F.A.von Hayek）、G.冯·哈伯勒（G.von Haberler）和F.马赫卢普（F.Machlup），都是（或曾经是）最严格的古典经济自由主义者，并且非常关心经济政策的基本原则。这只归功于路德维希·冯·米塞斯（Ludwig von Mises）吗？由于他没有成为一名全职学者，他可以无拘无束地（当然还有权威地）谈论经济政策问题？

在阅读门格尔关于经济政策基本原则的唯一声明，即他在亚当·斯密逝世100周年之际在奥地利主流报纸上发表的文章时，人们可能会得出这样的结论：门格尔在他的时代一直是米塞斯的"左派"，而门格尔实际上是一个有社会意识的"自由主义者"或自由主义社会主义者。显然，古典学派的经济政策主题深深地打动了门格尔，这是他让理查德·舒勒（Richard Schüller）在他监督下完成的最后一篇学术论文的主题。从某种意义上说，他在报纸上发表的这篇关于经济理论的文章只是对经济思想史的一次讨论，当然也有政治影响。它指出了古典主义者和亚当·斯密在社会政策问题上的观点以及他们在当代（19世纪末）德国和奥地利的政治话语中受到了多大的误解。在这篇文章中，门格尔可能给人的印象是他完全赞同所有支持"工人"的立法措施，包括对自由企业的大规模干预和大量的再分配措施。如果在他所处时代一个世纪之后，经历了新的社会政策，再阅读这些内容时会很容易发现这一点。① 然而，在这篇文章中，门格尔甚至没有提到几年前引入的奥地利社会保障制度（一项由国家提供大量再分配补贴的医疗保健和养老金计划）。他说的只是：亚当·斯密并不认为在雇主与工人的

---

① 门格尔使用了一些术语，例如他说："在富人与穷人、强者与弱者之间的利益冲突中，亚当·斯密无一例外地站在后者那边"以及"他（即亚当·斯密）很少反对有利于穷人和弱者的国家干预，他宁愿在可能出现陷阱的情况下赞同这种干预，在这件事上，他对国家干预做了让步"。

冲突和要求中，正义总是站在雇主一边（显然是正确的）；亚当·斯密并不是在所有情况下反对所有类型的国家行动（同样显然是正确的）。事实上，在类似的研究中，雅各布·维纳（Jacob Viner）、莱昂内尔·罗宾斯（Lionel Robbins）和乔治·斯蒂格勒（George Stigler）从亚当·斯密那里提炼出了一种比门格尔更丰富的经济政策结构。尽管无可否认的是，他们关注的是一般古典主义者的经济政策，而不仅是社会政策。

相比之下，鲁道夫的笔记表现出门格尔是一个最纯粹的古典自由主义者，对国家的关注比亚当·斯密要少得多（如果仔细重读门格尔1891年关于亚当·斯密和古典主义者的文章，可以看到他并没有改变主意——尽管他的观点可能会被误解）。门格尔完全没有提到亚当·斯密的反垄断主义限制或他对贸易限制行为的谴责（有人回忆说，整个奥地利学派从来都不太支持积极的反垄断立法）。更令人惊讶的是，他没有提到国家安全可能是采取管制或保护行动的正当理由——尽管事实上鲁道夫将成为奥地利武装部队的成员和未来的总司令！另一方面，对亚当·斯密来说，君主的首要责任是保护社会免受其他独立社会的暴力和入侵。在这一职责上门格尔则保持沉默。显然，他认为1859年和1866年不成功的战争以及对军队的过度关注已经严重破坏了奥地利的财政，而谈论这些战争可能会打开不健全的财政措施的"潘多拉魔盒"。奥地利国家的许多其他经济活动也没有被提及。例如，奥地利有一个发达而可靠的邮政服务，即使是亚当·斯密也认为邮政服务"可能是唯一一个由各种政府成功管理的商业项目"。但是，就连亚当·斯密对国家应该避免直接进行经济运作这一例外的规则也没有出现在鲁道夫的笔记中。鲁道夫写道："学校的建设也是政府证明其对公民成功和经济努力关注的合适领域。"必须注意不要刻意误解这句话：似乎鲁道夫故意只谈到学校建设，而没有说学校运营，尽管免费（和义务）公共教育长期以来一直是奥地利政府的主要关注点之一，教师在公务员队伍中占很大一部分。门格尔显然认同亚当·斯密的观点，亚当·斯密明确指出，公民对建设学校的责任是有限的，公民应当支付校长的薪酬，但不应该完全由公民支付，因为如果全部或主要由公民支付，校长很快就会学会在他的工作上懈怠。门格尔的技巧之一就是只谈论国家应该做什么，而不谈论国家不应该做什么。因此他遗漏的内容也是有重要研究价值的。

门格尔对于这类国家活动的遗漏确实很常见。这也许在R.马斯格雷夫（R.Musgrave）的描述中得到了最好的解释：国家活动当然不参与分配。这并不是说当时这样的活动没有被考虑到。我们应该记住1872年社会政治协会成立了，这是那些德国经济学家的社会，他们把收入再分配理念的传播作为主要关心的问题。不久之后，俾斯麦建立了第一个有再分配意图的社会保障体系，国家、雇主和雇员各支付三分之一。此外，经济政策当然没有稳定的分工。同样，这种活动也不是闻所未闻的。罗雪尔（门格尔在世时最重要的德国经济学家之一，门格尔为他写了《国民经济学原理》）在他的长篇文章中，几乎研究了所有凯恩斯主义和货币主义者应对经济衰退的措施；在1873年开始的大萧条期间，奥地利国王，也就是鲁道夫的父亲，完全不反对支持准凯恩斯主义创造就业的国家活动，当时门格尔正在经济的低谷中讲课。事实上，在整个授课过程中，门格尔最重要的省略包括失业、金融投机可能产生的负面影响以及政府可能不得不接管在私人运营期间破产的铁路运营；破产本身也没有被提及——尽管所有这些问题都是当时的热点问题。门格尔也完全没有提到自由企业体系本身运行得不顺利。门格尔只是在狭义上承认了对政府活动的分配。

至于分配方面的问题，门格尔再次省略了奥地利政策的一条重要路线。在私人企业和国家活动的混合中，奥地利建立了大型工业银行——当时奥地利第一家也是最大的信贷银行。这项银行政策目的明确，是为了刺激工业的发展。亚当·斯密曾极力辩护银行监管，并将其与建筑条例联系起来。但门格尔甚至没有提到银行，而银行在他那个时代的奥地利如此重要。他谨慎地避免讨论监管任何商业或工业企业的必要性，甚至没有提及监管私人建筑活动的必要性。他谈到的对分配的干预只是由于明显和直接的正或负外部效应。

鲁道夫在笔记Ⅵ和笔记Ⅶ中列出了政府干预的12个例子，所有这些例子都通过外部效应得到了明确解释。其中6个例子涉及通过预防牛瘟、根瘤蚜、树皮甲虫和控制森林砍伐传播的措施来预防负外部效应。换句话说，所有这些都是农业监管的案例。在这方面，要记住，劳认为农业比工业更容易造成负外部效应。有两个例子与工作时间的限制有关（在辛勤工作的情况下，"非常温和"地限制每天工作15小时！）以及对童工的限制。有6个例子涉及正外部效应：修建公路、铁路、运河、学校，为贫困农民提供主要的畜牧动物，最后是商业条约的谈判。人们可能会认为门格尔只是用这些例子打比方，因为用这些例子很容易向年轻的王储进行解释，而且很容易举一反三。但这与鲁道夫得出的明确结论背道而驰："国家可能只以上述例子中描述的方式干涉公民和经济活动。"这些例子表明，门格尔对经济活动的讨论范围确实很小。

其中有两个例子值得详细讨论。门格尔建议将商业条约的谈判作为政府活动的适当领域。在这里，国家提供了一种纯粹的公共利益。但请注意：门格尔引入商业条约仅是作为使出口成为可能的措施，即作为促进自由贸易的措施，而不是作为限制进口的措施。限制进口可能是明智的，但这一点在课程中完全没有提到，尽管即使是亚当·斯密也认为一些进口关税并不完全错误。另外关于劳工条例，门格尔提到了建议限制工作时间和限制童工。这部分的表达有点夸张成分，相比之下所设想的实际措施则极其微不足道。例如，在辛勤劳动的情况下，将工作时间限制在每天不超过 15 小时。除此之外没有提到当时在许多国家已经生效的工作场所安全条例，也没有提到确保劳工法规得到遵守的工厂检查员。以实物支付工人薪酬的方式可以被禁止，亚当·斯密认为这是合理的，但门格尔没有提到。当然，他也没有提到任何一个国营的失业救济计划。在所有这些遗漏中，鲁道夫的笔记与另一份通常被认为是迈向工业劳动社会政策道路上的重要里程碑的文件有不约而同之处，这份文件是 1891 年的《教皇通谕》（Rerum Novarum），出现的时间比门格尔对鲁道夫的授课时间晚 15 年。门格尔和教皇利奥十三世（Leo XIII）都没有提出什么实质内容，主要讲的是私人自助组织，并劝诫工人要节俭。门格尔在关于手工业的一章中把合作社作为自助组织。门格尔和利奥十三世都没有提到失业和失业救济。这对今天的读者来说似乎是难以置信的，包括教皇约翰·保罗二世（John Paul II），他在《百年纪念通谕》（*Centesimus Annus*）中明确说明利奥十三世已经解决了失业问题，然而，如果认真查看利奥十三世留下的文字，就会发现情况并非如此。因此，鲁道夫的笔记和《教皇通谕》都反映了古典自由主义者对所谓"社会问题"的关注，但除了一些规则和呼吁自助之外并没有相应的行动。

门格尔在手工业的衰退和饥荒问题上也表现出了类似的不作为的"关注"。鲁道夫要追求的道德准则是顺其自然。为了减轻饥荒，政府可以从国外购买粮食，但没有说针对饥荒本身该怎么办。明确给出的建议是宫廷和贵族应该在节俭方面树立一个好榜样。另一方面，维护良好的货币政策和支付公共债务利息这些方法也是典型的自由放任政策，就像伊曼纽尔·康德（Immanuel Kant）所讲的故事那样[①]。

事实上，门格尔给鲁道夫的授课可能是经济学学术文献中提出的关于自由放任原则的最极端的表述之一。只有在反常情况下才有正当理由采取经济行动。只有当灾难迫在眉睫、政府支持不可或缺时，国家才应该介入。否则"政府干预，总是……有危害的"。鲁道夫在笔记Ⅵ中写道：

---

① 康德在这里讲的是一个明智的老商人如何回答法国部长的征求政策建议的请求："谢谢，谢谢，请您提示。谢谢！"

在国家生活中，个人或公民群体的经济表现会遇到障碍，需要政府权力来清除障碍，因为个人资源与能力可能并不足够。

我们在这里只处理反常的情况，因为只有这些情况才能证明政府干预是正当的；在正常的经济活动中，我们将永远谴责这种干预行为。

在大多数情况下，这些需要干预的场景非常严重，要么需要特殊的法律——当然只有国家才能通过；要么涉及很高的成本——因为障碍非常大——因此政府的支持必不可少。

门格尔的许多经典的自由主义案例都取自德国作家，至少在措辞上是这样的。在关于德国经济学史的描述中，罗雪尔曾指出，18世纪末和19世纪的德国经济学家倾向于淡化英国和法国作家的经典自由主义理论以支持更多的政府干预[①]。在思想史学家中，这是在年轻的历史学派兴起之前就盛行的典型观念。令人惊讶的是经过门格尔的巧妙编辑，德国经济学家在很大程度上被证明是经典的自由主义者。

然而，门格尔与英国古典自由主义者在一个方面有很大不

---

① 罗雪尔在《国民经济史》(*Geschichte der National-Oekonomik*)中提到：这是德国人的民族特色，通过众多例外情况下的国家干预中断从英国和法国引入的自由行动原则。

同。对他来说，政府是一个负有道德责任的机构，国家被认为是道德上的公营造物［moralische Anstalt，这个词由弗里德里希·席勒（Friedrich Schiller）创造］，是一个道德机构、制度、组织或事业（所有这些都可以用公营造物这个词来表示）。这一概念与英国常用的"国家"的概念形成了鲜明对比，从复辟时期开始，道德劝诫一直是英国圣公会的职责[①]。在这个例子中，门格尔可能受到了他的老师米施勒的影响，尽管他对米施勒的思想做了一些调整，使其更好地符合方法论上的个人主义。米施勒和门格尔都认为，国家的重要职责一方面是告知公民，另一方面是通过劝勉和道德说服他们，并以自己的经济行为给他们树立好榜样。但对门格尔来说，这种告诫的主题与米施勒认为的略有不同：它必须鼓励主动、自助和节俭的自由主义美德。如果政府采取了这样的道德倡议，那么就更有理由采取自由放任政策。

当然，信息不充分的话题是门格尔思想的核心，这在思想史学家中是众所周知的。门格尔把这种担忧留给了他的学派。然而，在笔记中还有另一个次要的关注点。白芝浩（Bagehot）很好地表达了典型的英国自由主义立场：人的内心很坚强，而

---

① 关于英国国教论从理论上阐明政府的目的以及英格兰教会和国家之间极其密切的共生关系的重要性。

人的理性很脆弱。在《国富论》中，亚当·斯密从未怀疑过个人会有经济激励。对亚当·斯密来说，政治家是社会上最大的挥霍者，而个人不仅更清楚什么对他们有用，而且还具有脚踏实地和勤奋的特征。另一方面，对门格尔来说，个人胆小、乏善可陈、非常懒惰。因此，重要的是政府除了向公民提供可采取行动的信息外，还应加强激励措施，促进公民的经济主动性。

在这里，门格尔发明了古典经济自由主义悠久历史上为数不多的新观点中的两个。首先，即使是正当的国家行动也总是存在有害的副作用。因此，只有在正当理由非常有力的情况下才可以采取国家行动。正如鲁道夫在笔记VI中所说："……国家可能通过过度干预，极大地损害公民的利益。个人对自己和家庭的责任感与关注是对工作和工业发展的有效激励。如果国家承担了其中的一些责任，个人就会感到受强迫而不自由，即使是在涉及个人利益的问题上同样如此。"其次，门格尔极大限度地使用了奥地利主观主义的一个关键概念，即不同的个体有不同的偏好——这个概念与剑桥学派传统对个人"代表"的观点不同。国家永远无法很好地服务于个人的多样性，国家规定必须是标准化和固定的。鲁道夫在笔记VI中写道："政府不可能了解所有公民的利益。无论制度多么精心设计和充满善意,它们永远不会适合所有人……由于全面的官僚控制,人们将完全失去多样性。即使是最忠诚的公务员也只是一个大型机器里盲目的工具,按照规章制度和指令以刻板的方式处理所有问题,既不能应付当代进步的要求,也不能应付现实生活的多样性。"

在自由主义者的眼中,还有什么比单调的统一更糟糕的呢!与此同时,我们意识到,当米塞斯和哈耶克在关于社会主义不可能进行理性规划的辩论中阐述自己的论点时,他们已经从门格尔那里受益良多。

门格尔的边际主义程度

门格尔是边际主义者吗?所有关于经济思想史的文章一致认为他当然是,至少如果我们不要太狭义地解释边际主义,将所有主观价值理论都包括在内。更重要的是,他是边际主义革命的三位奠基者之一。这是他给鲁道夫讲课中最有趣的方面之一,仅从课程本身我们永远无法猜出那么多。恰恰相反,尽管门格尔在给鲁道夫授课的5年后发表了他的《国民经济学原理》,其中完整包含了他提出的所有主观价值理论,他却没有教鲁道夫任何一个被公认由他提出的重要经济理论。如果只根据笔记的内容判断，一定会认为门格尔的创新在亚当·斯密创造的古典经济学"宏伟大厦"面前只是无足轻重的小小装饰。事实上，他所教的一部分观点已经被他自己证明是存在瑕疵或完全错误的。

再次强调，不仅在经济政策问题方面，在理论和经济学基础上，鲁道夫受到的教育几乎完全是亚当·斯密的观点，而这发生在《国富论》首次出版后的100年内。诚然，在我所说的后两者的德国原新古典主义脉络中，鲁道夫从一开始就被教导"满足人类需求的重要性"以及将商品分为经济商品和非经济商品（赫尔曼的分类方法）——当然，商品包括（自1832年赫尔曼的著作以来）"劳动服务"和"关系"。但这是标准的德国经济学，当时已经有40多年的历史了。"有效的基本原则"取自劳和赫尔曼；自从他们的文章发表以来，强调"在不太重要的需求之前满足更重要的需求"的重要性已经成为一种普遍的做法。高效的人能够对需求进行排序，忽略不太重要但令人愉快的事情，而低效的人通常以牺牲更重要的需求为代价来满足不太重要的需求，个人和国家都是如此。

但在这些简短的段落之后，亚当·斯密的理论就有着"至高无上"的统治地位。第二经济原理的段落（笔记中没有说明第一经济原理是什么）讲到了亚当·斯密的劳动分工，接着是已经提到过的激励理论，一个以供给为导向的很基本的经典理论。然后我们继续讨论生产因素、收入、财富和资本的概念。在这里，鲁道夫受到的教育非常符合亚当·斯密的风格："对许多人来说……他们的劳动能力构成了他们的资本"（笔记Ⅲ）——当然这会让人想起亚当·斯密的观点，即每个人通过劳动获得财产，这是所有其他财产的原始基础，所以它是神圣和不可侵犯的。门格尔继续解释了节俭和储蓄的重要性，这也在亚当·斯密的理论范围之内；然后他介绍了价值理论，这里用了德国的原古典主义（与亚当·斯密的观点不同），并通过解释金钱的重要性来结束讨论，亚当·斯密在这个场景下同样讨论过这个问题。

门格尔在讲授价值理论时与亚当·斯密的方法有些不同，这一定不会让我们感到惊讶。劳动价值理论从劳和赫尔曼开始就被德国人否定了，罗雪尔认为这只是一种英国的反常行为。用前亚当·斯密学派的方式（但亚当·斯密在《国富论》中也提到了），门格尔区分了"使用中的价值"和"交换中的价值"。他提出了对价值的两种定义："价值是商品对获得者的重要性，因为它可以满足获得者的需求""价值是指当我们认识到如果无法控制特定商品，我们的某个需求就无法得到充分满足时，特定商品对我们的重要性。"（笔记Ⅲ）然而，早在门格尔之前，这些定义就已经是德国教科书的标准定义了。作为笔记中提到的两名作者之一（另一位是亚当·斯密），门格尔在这里明确了该观点来自18世纪法国作家艾蒂安·博诺·德·孔狄亚克（Etienne Bonnot de Condillac），罗雪尔在这个问题上的观点也是借鉴了孔狄亚克，这一点非常明显。唯一能感受到门格尔自己思想的文字是这句："对价值的衡量标准是相对的，取决于群体及个人不同的偏好、特征和习俗。"紧接着这句话就被否定了，而这种否定的方式看起来非常不符合一个典型的主观价值理论创始人："但为了使沟通成为可能，必须根据人类的长期经验和需求在一定程度上对交易中的商品确定价值。"

我们在笔记中找不到任何边际价值理论的迹象，尽管赫尔曼在1832年几乎已经提出了这一理论。边际效用的概念完全没有被提及，鲁道夫的笔记中只是呈现了非常含糊的观点：有一些物品的价值由其稀缺性决定，有一些则由可满足需求的重要性决定，还有一些由可用数量决定（笔记Ⅳ）。收入的边际效用递减被一笔带过，但这个概念曾被约翰·斯图亚特·穆勒（John Stuart Mill）和其他古典主义者简要提到过。最重要的是完全没有提到作为衍生工具的要素价格取决于其对最终满意度的贡献。

鲁道夫被教授了纯粹的古典工资理论，这与门格尔的《国民经济学原理》大相径庭。他被明确地教授了"工资铁律"，F. 拉萨尔（F.Lassalle）的这个说法对德语世界的人而言印象非常深刻。鲁道夫写道："最简单的劳动根本不需要培训，得到的工资将足以为工人阶级家庭提供生活手段。更先进的……高技能类型的劳动需要提前培训，并将得到更多的报酬，与必要的培训费用成正比。"（笔记 X）。这是经典的供给方观点，与基于需求的边际生产力理论相违背。然而，一般来说，工资理论在这份笔记中不会被过多注意。这份笔记主要关注的是公务员的适当报酬。在这里应该用什么原则作为指导呢？"（国家）最重要的责任是确保那些为公共利益和国家服务的人按照他们的培训和工作范围获得成比例的工资。"众所周知，亚当·斯密是人力资本理论的创始人。这不过是他为确定高技能人员的工资差异而提出的教育机会－投资成本论点的一个概括。正是针对这一论点，尤其是在习得职业的应用中，整个边际主义学派，尤其是门格尔，都提出了反驳。

门格尔给鲁道夫的授课为我们展现了一个世界著名的经济学理论家自我矛盾的惊人案例。有人能相信门格尔教了一些他认为完全错误的东西吗？即使有人建议他应该按亚当·斯密的理论授课，这似乎也不太可能。很容易发现，亚当·斯密只考虑了特定的成本,而现代学派则更进一步,认为在任何情况下,成本都必须符合要素服务对最终消费者的效用估值。事实上,德国经济学家从劳和赫尔曼开始,开创了边际生产力理论,约翰·海因里希·冯·屠能(Johann Heinrich von Thiinen)在这方面也是如此。门格尔也可以采取这样一种策略,表明亚当·斯密的整个理论论点所基于的供给方的考虑只有在长期视角下才有效,而为了短期目的必须通过考虑需求进行平衡。他有很多方式可以在坚持亚当·斯密核心理论的同时对他的观点进行一些补充,但门格尔没有这么做。这迫使我们得出两个结论:门格尔显然认为讲解经典的价值概念仍然是讲入门课程最有效的首选方式;也许他也认为讲授供给侧观点可以为他想要传达的经典自由主义思想奠定更好的基础[1],包括关于经济如何运行以及应该如何运行的问题,还有激励和自助的主题。

鉴于门格尔与政府职责和个人主动性相关的道德要求,他可能更倾向于采取供给视角的方法,而不是通过谈论欲望的满足并引入任何享乐主义观点。

---

[1] 马克·布劳格(Mark Blaug)在《经济理论回顾》(*Economic Theory in Retrospect*)中,在评估边际效用理论可能存在的意识形态偏好时指出:"事实上,古典经济学是维护私有财产的更好的工具。"门格尔是不是意识到了这一点?

这些笔记是否反映了卡尔·门格尔的观点

我们认为鲁道夫的笔记准确反映出门格尔本人对经济政策问题的看法，甚至是对各种经济理论范式重要性的看法。不仅如此，我们还认为笔记反映了门格尔成熟的判断力。当然其他解释也是可能的。我们将在下文中讨论不同的解释，读者可以自行判断与选择。

第一种解释认为，由于门格尔只有几个月的时间教鲁道夫，因此在这几个月的密集学习中，他教给鲁道夫的只是传统和标准的"速成课程"。在我看来这个论点站不住脚，我认为这是所有解释中最弱的一种。首先，这不是门格尔自己的速成课程：他没有教授他擅长的经济政策。其次，对于19世纪70年代的奥地利来说，古典自由学派的课程根本不是传统或标准的课程。亚当·斯密的思想在18世纪80年代和90年代在奥地利兴起，但自从克莱门斯·文策尔·冯·梅特涅（Klemens von Metternich，奥地利外文家）时代以来，自由思想在很长一段时间都受到谴责，奥地利帝国在传统上是高度的家长式和干涉主义风格。事实上，门格尔是亚当·斯密的思想在奥地利的复兴者，他把这些思想传达给了王储。

第二种解释认为，那些负责鲁道夫教育的人，例如拉图尔－图姆伯格伯爵（Count Latour-Thunnburg）甚至是伊丽莎白皇后都是众所周知的自由派信徒，他们给门格尔的任务是教鲁道夫一门以亚当·斯密为基础的古典自由主义课程。这种观点也没有可靠的证明，因为对门格尔的要求和指令没有保存下来。但是，从可能的（模糊的）线索来看，我们也不能说门格尔就必须用这种经典的自由主义版本的亚当·斯密方式，而不是用一种相对有取舍、在国家行动方面有所不同的方式。至少可以推断亚当·斯密的理论一定完全符合门格尔自己的偏好和设计。门格尔用当时已经很古老的德国文本的摘录来补充亚当·斯密的观点，在我看来这说明门格尔认为（古典自由主义的）前人在经济政策问题上的观点比现代人更重要。一个老师有意识地用前人的方式教一个初露头角的未来政治家过时的想法，这根本不是常见的做法。

第三种解释指出了这样一个事实，即门格尔对古典自由主义的不干涉主义的例外情况甚至比亚当·斯密提到的更少。这个论点认为在给一个快18岁的学生开设入门课程时，内容会进行简化，只包含核心论点，没有提到例外情况。对此，我的回答是，只有在认为例外不重要的情况下才会忽略例外；而门格尔非常清楚，这不仅是他第一次给王储上课，也是最后一次。在我看来，门格尔忽略了亚当·斯密自己提出的部分例外，这表明他对亚当·斯密的观点是完全支持的。

关于门格尔自己的理论概念，也可能会有同样的观点：他没有时间讲授自己复杂的新观点。但他可能不小心说了一些关于生产要素边际定价或商品定价的关键想法，尽管也只是寥寥几句。毕竟，正如他在《国民经济学原理》的序中自豪地说的那样，他已经提出了"统一的价格理论"。其实教授统一的理论比在每个特定情况下单独教授理论更容易，也更快，但在实际教学中他使用了古典主义者的理论。如果时间有限，那么他为什么明确提到这样的无稽之谈（对边际主义者而言），即如果商品在任何绝对意义上都是稀缺的，那么它就很有价值；或者工资是根据"工资铁律"由生活水平决定的？

因此，在考虑了各种解释之后，我认为我们只能得出这样的结论：在政治上和理论上，门格尔比人们通常认为的更像是一个古典经济学家。即使他与古斯塔夫·施穆勒（Gustav Schmoller）在1883—1884年所谓的方法论之争的冲突中并没有提出相反的观点：表面上看这是针对经济理论本身的冲突，而不仅是针对主观价值理论；当然，古典经济学家提出了丰富的、不受历史相对论制约的理论。隐藏的冲突是个人主义观念与更年轻的历史学派所拥护的国家整体观念。在这里，作为亚当·斯密的追随者，门格尔必须采取和亚当·斯密一致的路线。

在政治上，门格尔声明自己不是"曼彻斯特自由主义者"，也不反对经济政策方面的所有改革，这似乎有些刻意，或者至少容易被误解。[①] 在国家行动方面，门格尔无疑是一个极简主义者。众所周知，从理论上讲他在《国民经济学原理》中并没有把自己描绘成一个科学革命者，而是一个纯粹的改革者——或者应该说是一种成熟思想的复兴者。他给鲁道夫的授课强化了这一印象。如果说有一个人花了很长时间才完全意识到门格尔对经济学的革命性影响，那这个人就是门格尔本人。

---

① 门格尔否认自己是曼彻斯特派成员，认为这种判断非常轻率，指出从他关于经济理论的著作中不可能推断出这种结论。他断言将自由的私人利益看作共同经济利益主要来源是完全值得尊重的，在设计改革时应该考虑到已经取得的成就，但这并不意味着他总是反对改革。然而这种拐弯抹角的措辞使门格尔看起来比实际情况更像干涉主义者。

▲鲁道夫笔记中的一页，有门格尔的修订痕迹

目录

政治经济学 I	001
政治经济学 II	015
政治经济学 III	025
政治经济学 IV	039
政治经济学 V	049
政治经济学 VI	059
政治经济学 VII	071
政治经济学 VIII	081
政治经济学 IX	089
政治经济学 X	093
政治经济学 XI	105
政治经济学 XII	115
政治经济学 XIII	125
公共财政税收 I	131
公共财政税收 II	141

政治经济学 I

1876 年 1 月

内容

笔记 I：简介。满足人类需求的重要性

政治经济学可分为：

（1）经济政策

（2）公共财政

（3）经济理论

商品和经济理论

论人类节约的基本原则

经济第二原理

劳动分工

工作激励

计件工资

简单股份制

佣金制

私有财产对制度及经济的意义

满足人类的需求是非常重要的,并且这与精神生活和物质生活密切相关,大多数人关心的是如何满足最基本的生活需要,而这就像鞭子一样迫使他们去从事最不愉快的工作。

只有极少数人能摆脱这种焦虑,把时间投入脑力劳动中。但这些少数群体不应无视大众的认真努力,而应认识到这是关系到绝大多数公民生死的问题。

因此,国家领袖必须特别关注这些情况,利用福利政策和促进公民经济活动,使国家强大起来。但国家在这方面的干预必须有一个限度,因为如果由个人负责照顾家庭并维持生计,这种责任会驱使他不停地工作,这对社会总体福利和全人类福祉都是有利的。然而这种责任并不是强制的,每个公民都应该明白,当其个人意志和能力不足以克服障碍或继续努力时,国家会为他提供保护与支持[1]。

为此，政府应当谨慎而努力地提高全民福利，并在这个过程中高度关注经济改善理论或经济政策[2]，这是由长期经验积累而成的，是管理艺术的重要组成部分。

就像个人需要一些手段来维持和改善生存条件一样，国家也需要手段来实现众多目标。然而，为了满足基本需求必须要有固定收入[3]。如何最方便地获取并使用这些资源正是公共财政或预算理论这门特殊学科的课题。在经济问题方面，管理艺术

---

[1] 这一段（以及在笔记后文中的详细展开）是门格尔在这门课程中原创程度最高或仅有的原创内容。对于亚当·斯密来说，由利己主义推动的个人主动性是私营企业经济的可靠基础，私营经济几乎不需要政府行动，门格尔认为在公民中发展和培养这种个人主动性是国家的任务。除此之外，这段还详细阐述了劳的观点，劳证明了无论何时何地，当需要消除的障碍超过了个人努力可以解决的程度，政府就有理由干预经济。劳在这之后还说了一句话，但被门格尔省略了："……目的是使（国民经济）进一步面向国家所有成员的经济福利，并与他们的目的相匹配。"对于追随亚当·斯密的门格尔来说，给出第一个理由似乎是多余的，而第二个理由——国民经济有自己的目的，只是与个人目的一致——则与他的个人主义背道而驰。

[2] 门格尔使用的术语遵循了他那个时代的标准德语教科书。

[3] 门格尔很大程度上借鉴了劳的观点。劳认为政府的经济活动有两大类：（1）促进公民实现经济目标，（2）通过筹集收入来满足自己的需求。在研究后一项活动时，门格尔使用了德语中的"公共财政"这个词，这是劳创造的。门格尔只做了一项创新，但非常重要：劳谈到政府通过筹集收入来满足自己的需求，门格尔则将这类活动限定在基本需求的范畴内。

理论有两个主要分支:

（1）经济政策，关于改善国家经济的手段。

（2）公共财政，关于预算的最佳管理方式。

这些学科已经对政治生活产生了积极的影响，而它们都是以经济学理论这门学科为基础的。

商品和经济理论

商品是指能够满足人类需求的东西，已经形成了一种被人们熟悉的公认概念[①]。

商品可以分为[②]：

（1）劳动服务。

（2）实体物质。

（3）人际关系。

[①] 除了门格尔在《国民经济学原理》中的补充，第一个定义遵循胡费兰（Hufeland）的定义，第二个定义遵循罗雪尔的定义：所有被认为适用于满足真正的人类需求的东西。

[②] 这看起来很像赫尔曼的著名分类。

商品也可以分为①：

（1）经济商品，即总数少于需求量的物品，因此需要节约使用。

（2）非经济商品，即总数大于需求量的物品，因此不需要节约使用。

当人们意识到可用的商品少于实际需求时，他们会尽可能地满足自己对这些商品的需求，因此他们会努力②：

（1）保卫这种商品的数量，避免任何损失。

（2）保护这些商品有用的特性。

（3）在他们必须满足的需求中按重要性做出选择。

（4）充分利用有限的商品，以尽可能少的商品数量满足需求，从而最大化可以满足的需求。

财富被认为是一个人拥有的经济商品的总和；非经济性商品并不计入这种财富③。

富裕是指可以支配的财富明显多于个人生活方式对应的

---

① 在这些课程中，门格尔很少展示他自己的想法和表达，这里是一个例外。第一段遵循《国民经济学原理》。在区分经济商品和非经济商品时，门格尔本人遵循了常用的标准，并引用了其他作者的描述。
② 这一段和所列举的4种"努力"与门格尔自己的著作几乎一字不差。
③ 这个定义取自门格尔的观点。不过他的定义非常接近罗雪尔的观点。

需求[1]。

论人类节约的基本原则[2]

当人们意识到许多商品数量有限时就会尽量节约；这种商品就被称为经济商品。

在节约方面，人们会努力：

（1）保持对这些商品的全面控制。

（2）保卫这些商品有用的特性[3]。

---

[1] 罗雪尔的观点。（门格尔本人并没有定义富裕。）

[2] 这是我们研究门格尔教学方法的第一个样例，我们将在整个课程中反复遇到：在对主要思想进行简短阐述后，门格尔会继续深入展开然后进行总结。鲁道夫并没有区分这种主题概括和展开部分。他的记忆方式就像是拍照后转译出来一样，按照这种方式原原本本地记录主题概括和展开的内容，有些重要想法被重复多达 4 次（当然，这也表明门格尔认为这些内容足够重要需要重复）。笔记中的展开部分甚至还没有主题概括多，所以上下两段长度基本一样。然而，鲁道夫对门格尔讲课的记录有时候也不那么系统：从下一页中，我们可以清楚地看到什么是经济学第二原则，但经济学第一原则却难觅踪迹。

[3] 鲁道夫经常使用比门格尔更简单、更现代的语言，门格尔的作品中充满了一些生硬的来自拉丁语的外来词。在第一次提到这 4 种努力时鲁道夫使用了"保护"这个词，这里则用了"保卫"，完全与门格尔一致。（不过，不同的是，门格尔自己提过的"特定数量"在这里被省略了。）

（3）对比不那么重要的需求，优先满足更重要的需求。

（4）用尽可能少的商品来满足需求。

由此，我们可以推断人们会努力保护经济商品不受损失和毁坏。此外，我们可以观察到，人们会尽量在更重要和不那么重要的需求之间做出选择，不去满足不那么重要的需求。

某些商品的重要性与一个人的财富成反比[①]。一个穷人往往不能满足他最迫切的需求，而一个富人则只能避免消费无用的奢侈品。

对需求进行排序并忽视不太重要的事情，这个过程虽然通常令人愉快，但只有节约的人拥有这种特征，而不节约的人通常以牺牲重要需求为代价来满足没那么重要的需求，个人和国

---

① 这是唯一一次出现（边际）效用随着财富的增加而减少的观点。在门格尔的著作中，这种观点从来没有简化到这种程度，但这段话大致符合《国民经济学原理》中的观点。在门格尔之前，德国经济学家根本不知道边际效用随库存增加而减少的观点，很显然这是由希尔德布兰德（Hildebrand）提出的，而罗雪尔只是在他之前提出了财富的概念，即"在需求不变的情况下，库存减少将导致单个商品价值上升。""反比例"是希尔德布兰德的措辞，不是门格尔自己的。

家都是如此①。

由于情况的复杂性，对国家而言，准确判断需求的重要程度比个人困难得多；此外，在政治生活中，公共部门负责人的个人利益与整个国民经济利益之间可能会产生冲突，在这种情况下，公共利益必须优先于个人利益。

经济学第二原则

在我们尝试节约的过程中，仅通过放弃不太重要的需求来满足那些更重要的需求是不够的，同样关键的是我们必须以最经济的方式尽可能满足这些需求。这一原则既适用于消费，也适用于生产②。

分工是低价和经济生产的重要基础条件。这个术语指的是

---

① 这一段和下一段显然引用的是 1870 年在慕尼黑出版的赫尔曼著作的第二版。门格尔在他的《国民经济学原理》中大量使用了第一版的内容，但没有用到第二版。这里讨论的是需求——这些需求根据强烈程度被分为绝对的（或不可压制的）和相对的需求。私人经济代理在权衡需求时可能会犯错误，这里没有明说，但赫尔曼在自己的著作中暗示了这一点，并明确提到了政府的这类错误。这显然让门格尔很感兴趣，他想让鲁道夫注意到这个问题。

② 参见阿尔伯特·舍夫勒（Albert Schaeffle）的观点，舍夫勒是斯瓦比亚人，他对节约的原则特别感兴趣，并以此作为他理论的起点。

这样一种组织工作的方式：使每个商品或一个商品的每个部分由不同的人执行操作。

这种组织形式可以追溯到各行各业的发展过程；随着文明的进步，各个行业被细分为许多不同的职业。这个系统最大的优点如下①：

（1）工人个人的技艺更加精湛②。由于始终在重复同样的操作，工人可以在自己负责的环节达到最高水平，从而产生很好的结果。

（2）节省时间和精力。每个工人的工作内容越集中，熟悉起来就越快，学徒期的时间就越短，相应地在日常工作中掌握

---

① 从这里开始，门格尔紧跟亚当·斯密的思想，至少将亚当·斯密的思想作为根本来源。亚当·斯密也提出了3个优点："劳动分工使得工作量大大增加的情况下工人数量可以保持不变，这是由于3种不同的原因——第一是每个工人的灵活性的提高；第二是节省了从一个环节到下一个环节常常浪费的时间；第三是发明了大量的机器简化和减少劳动，使一个人能够完成几个人的工作。"门格尔省去了亚当·斯密说的第三个原因，即机械的发明，取而代之讲了跨国分工的优势。这表明他的直接资料来源是罗雪尔。罗雪尔恰好给出了这3个观点，而他使用了不常见的德语术语来表示"熟练"，与劳的用法并不相同。另外他提出了学习的价值，从长期来看可以节省时间，就像鲁道夫记录的那样。这也是鲁道夫精准记忆的另一个例子。
② 这段看起来逐字记录了门格尔的讲课内容，引用了罗雪尔的观点，认为劳动分工包括：(1)提高工人的熟练程度；(2)节省一定的时间和精力；(3)尤其是跨国的劳动分工。

技巧的速度也就越快。

这可以节省时间,将一个流程分成多个环节并由多个工人负责,这比由一个工人完整负责整个流程更快。不仅如此,还可以省下学习各种不同操作的时间。

(3)通过国际进出口实现了跨国的劳动分工,每个国家都从事特定的活动,然后与其他国家进行贸易往来。

劳动分工也有其局限性:

(1)自然条件导致某些工作在某些时候无法进行,尤其是对农业而言[①]。

(2)如果生产者将自己限定在某一个行业,由于市场太小,产生的销售将不足以使他生存下去[②]。增加劳动分工首先需要的是改善交通方式[③],特别是从生产地到市场的运输工具。

由于小型社区市场有限,一个人可能负责经营大量或至少几种业务,而在较大的区域,这些业务则被分配给不同的人[④]。

---

① 亚当·斯密:"事实上,农业本身的性质不允许有这么多的劳动分工。"罗雪尔也有同样的观点。
② 这是亚当·斯密的核心思想。他认为:"劳动分工受到市场范围的限制。"接着亚当·斯密概括地讨论了交通工具对劳动分工的重要性。
③ 完全来自罗雪尔。
④ 罗雪尔分论点一。

工作激励

除了劳动分工之外，工作的强度还大大增加了商品的数量，从而使商品价格下降。因此，任何能使工人更努力工作的激励措施都可以被视为对经济的一种增益[①]。

对工人们最有效的刺激就是让他们认识到回报完全取决于自己的勤劳程度[②]。奴隶是最不勤劳的，因为他知道自己的劳动得不到回报，而他任何额外的付出只会使主人受益[③]。

---

① 这是一种常见的古典派甚至前古典派思想。令人惊讶的是，门格尔没有引入任何前提条件就直接使用了，而这种思想完全是建立在某种劳动价值理论之上的。事实上，这种思想与门格尔自己的主观价值理论不一致。因为如果从激励中获得的额外效用仅等于劳动的额外负效用，至少在边际主义者看来，在"稳定的新古典主义条件"下，效用没有发生净增长，因此对经济没有形成收益。因此，人们可以合理地质疑门格尔是否真的考虑过劳动的无用性。亚当·斯密只谈到了高工资的激励效应："对劳动的优厚报酬……使普通人更加勤劳。"劳认为工人的勤奋与劳动分工密切相关。在这段话中，劳简要介绍了激励机制，这也是门格尔自己观点的前兆。在介绍劳动分工与激励措施的关系时使用了劳的观点，而讨论实际待遇则使用了罗雪尔的观点，罗雪尔也是劳动分工这部分授课内容的直接信息来源。

② 从这里开始，整段参考了罗雪尔的观点。

③ 亚当·斯密："似乎……从各个年代和国家的经验来看，我相信自由人的工作最终会比奴隶的工作更便宜。""奴隶……除了维持生计别无所求，他可以通过尽可能减少土地劳动来提高舒适度。"亚当·斯密进一步用这些原则解释农奴制度的衰落。

农奴制或被迫劳动以类似但不那么明显的方式麻痹了工人，从而对经济产生了不利影响。农奴制（或被迫劳动）的废除鼓励了勤奋劳动的人，农业也随之得到改善。

另一种对工作的激励是计件制，即工人不是根据工作时长获得对应工资，而是按照生产的工件数量成比例地获得报酬[1]。与计时制相比，这种计薪方式给了工人更大的自由；在计件制下，没有人强迫或控制工人的劳动，他完全可以自行决定。

虽然计件制有很实在的优点，但它的缺点是工人可能会很不仔细——因为他们试图生产尽可能多的零件。商品数量会得到增加，但质量也会有相应的损失。因此，在商品价值取决于精细工艺的情况中，计件制是不可取的。

在简单的股份制中，工人的报酬有一部分与利润挂钩。这

---

[1] 亚当·斯密也提到了计件工作作为一种激励方式。有趣的是，门格尔只看到了计件制积极的、提高产量的一面，或者更确切地说，在缺点方面只说了商品质量可能下降，而亚当·斯密则怀疑："工人……当他们得到丰厚的报酬时，很容易过度工作，并在几年内损害他们的身体健康。"因此，鲁道夫被教导的内容中，对社会的关注远比亚当·斯密所呈现的要少。在这方面，可以说亚当·斯密比门格尔更像个主观价值理论家。罗雪尔在讨论了农奴制（和计时制）之后继续讨论了计件工作，就像门格尔在这里的做法一样。所以门格尔在这一段中接连引用了罗雪尔的观点。顺便说一句，罗雪尔认为计件工作的盛行成就了英国重要的经济地位。

样做的好处是可以让工人与企业的命运密切相关，因此工人对企业业绩的关注程度与他们对个人福祉的关注程度几乎相同。

然而也有这样的反对意见：如果企业发展停滞甚至出现亏损，工人无法承受流动收入的中断，更不用说承担收入损失了。

以佣金支付是工资和股份制度的结合。在这种情况下，工人会得到一笔工资，如果企业获得了利润，工人也会得到其中的一部分。

对工作的高度尊重必须被视为另一种激励因素。只有在原始和未开化的国家，工作才会受到鄙视，并被认为是奴隶的事情；工作使国家和文明蓬勃发展。任何类型的工作都是光荣的，只有懒惰才应该受到轻视[1]。

为了各个阶层的公民都能蓬勃发展，统治者必须提倡勤劳并表达尊重[2]。

---

[1] 亚当·斯密指出懒惰在荷兰是不流行的、被鄙视的，因为这个国家非常富裕，利率极低，除了最富有的人之外几乎没有人可以被动地靠利息收入生活。

[2] 这是罗雪尔的最后一个观点，只是措辞略有变化。笔记上的两页内容几乎和罗雪尔书中的相关的两页内容完全一致。

私有财产对制度及经济的意义

再多的资产都不足以满足所有者全部的愿望和需求；因此人们发展出了一种我们称之为"节约"的活动。这种活动的一部分是努力保护财产免受各种危险，尤其是防止第三方的侵犯[1]。

但是个人无法通过自己的手段形成这种保护，因此会受到比自己强大的人的攻击。在这种情况下，所有通过工作积累财富的努力都是徒劳的。因此，只有当国家可以保护公民财产，从而刺激他们勤俭节约、适度节制和努力工作时，国民经济才会真正繁荣。

因此，这种保护是所有政府最重要的经济职责之一。

然而，财产制度也有其不可否认的缺点[2]。其在发展过程中出现的最坏影响之一是贫富之间的差别，正如很常见的情况，当对比不需要工作就可以拥有快乐的生活与充满痛苦和贫穷，甚至无法满足最基本需求的生活时，这种差别就会非常明显。

---

[1] 门格尔再一次紧跟亚当·斯密，后者称之为"君主的第二大职责"。请注意，门格尔比亚当·斯密更强调私有财产的重要性。

[2] 门格尔首先讨论了私有财产的社会优势，然后讨论了试图限制或废除私有财产的社会主义和共产主义。他使用了劳在后续版本著作中的观点以及罗雪尔的深入讨论。

政治经济学 II

1876年1月

这些缺点导致一些人认为私有财产制度是造成现有苦难的原因，并敦促废除私有财产制度。他们要求：

（1）所有的财产由国家没收（因此没有必要制定任何形式的继承法）。

（2）每个人的劳动力由国家支配。

（3）作为回报，国家将满足每个人的需求。

（4）国家提供抚养孩子需要的条件。

这里列出的建议可能并不可行，至少在目前的情况下无法实现。这些建议的背后预设了高度发展的社会精神、很高的教育水平、个体非常微弱的利己主义以及统治者高度的节制、智慧和无私。

即使以下前提条件都成立，仍会存在相当大的缺点：

（1）个人对其福利的责任感、对其子女命运的责任感以及我们现在能看到的极大的个人能量将会明显减少，因为个人将缺乏努力的动力。

（2）会发展出专制制度，这种制度将压制任何形式的自主决定。没有人可以选择自己的职业或岗位，在所有事情上必须遵守政府的规定。

然而，他们也有一些支持继承法的重要观点：

（1）每个人都有权利以他认为适当的方式处置其遗留财产，例如通过遗言或遗嘱的方式[①]。

（2）继承法的制度为人们的努力工作、自我约束和勤俭节约提供最重要的动力之一，因为个人会为家庭做打算，人类天然渴望建立起处境良好的家庭。

社会主义者重点攻击的另一个制度是土地财产。社会主义者认为与其他类型的财产相比，土地财产在最开始不是通过劳动获得的，而是通过占有或武力方式获得的[②]。

针对这种观点可以进行反驳：对土地的占有根本不是一种武力行为，甚至推动了文明的进步，许多曾经发生的占领行为

---

① 是罗雪尔的观点，对比了有家庭约束的继承和遗嘱自由。后者并不是支持继承法的论据。罗雪尔指出遗嘱自由通常不涉及土地财产。继罗雪尔之后，门格尔可能想要表达的是遗嘱自由和继承法很可能会增加私有财产的激励效应。

② 罗雪尔在讨论继承问题后，紧接着讨论了土地财产，但没有提出明确观点。

已经被时间证明是合理的。此外,很长一段时间以来,很多土地并没有掌握在最初所有者的手中。

因此,现代国家应该保护有产阶级(房地产所有者、房屋和工厂所有者、商人和资本家等)的利益,反对不可行的计划;另一方面,国家不能忽视一部分无产阶级明显的苦难,应该努力尽其所能减轻工人阶级显而易见的痛苦,从而改善其生活处境。

工具和机械[①]

工具是用来增强人的体力劳动所能产生作用的物品(锤子、剪刀、军刀、钻头和针等)。

相比之下,机器是在人的指导下可以更自主产生某些效果的物品。

机器可以分为:

(1)发动机。

(2)真正的机器。

[①] 这里门格尔参考了劳和罗雪尔的观点,第一段关于工具的内容参考了劳,第二段关于机器的内容则是参考了罗雪尔——两位作者都参考了里德尔。

发动机是指以生产为目的产生能源的机器（例如水车、风车、蒸汽机）。按照这种描述，在某种意义上动物也可以被视为机器。

最初发动机完全依靠人的力量。到了第二阶段则依靠动物的力量①。后者比前者更受青睐，因为它更便宜、更易操控，而且在大多数情况下更强大。

除了这些优势之外，在发动机方面用动物的动力取代人的动力也是一种道德进步。

随后的第三个阶段是用无生命的动力代替动物的动力，首先是用水和风。

这与前一阶段相比，向前迈出了一大步。主要原因如下：

（1）无生命的动力通常能比动物产生更强、更稳定的力量。

（2）无生命的动力的成本远低于动物，因为无生命的动力既不需要进食，也不会随着时间的推移而筋疲力尽。

第四个阶段是使用蒸汽动力。

---

① 门格尔显然参考罗雪尔对这个话题的深入讨论。罗雪尔区分了"人或人力发动机……动物发动机、水力发动机、空气发动机和蒸汽发动机"。到了门格尔这里，这 4 种类型的发动机就演变成了 4 个发展阶段。注意门格尔在这里用的都是这些人早期的理论。门格尔自己的老师米施勒，参考了罗雪尔的观点。

将蒸汽作为动力的优点如下[1]：

（1）强大的效果。

（2）作用稳定，持续时间长。

（3）不受地理位置限制，只要有足够的燃料，在任何地方都可以使用蒸汽。

蒸汽动力的缺点是安装设备以及给蒸汽机提供燃料的成本较高。

机器

机器是一种利用发动机力量在人的指导下以准自主方式执行某些操作的仪器，如割草机、打粒机和缝纫机等。

每台机器都需要一个发动机。

机械对经济的好处

机械的主要优点是以前需要由很多工人来完成的工作现在

---

[1] 米舍勒的观点：蒸汽是"一种永远不会耗尽的能源，可以无限扩大，且不受地理位置影响。"

可以由更少的人来完成①。

这节省了许多工人的投入，对国民经济有实质性的好处。

需要指出的机器的另一个优点是机器操作通常更加精细和准确②。

在这种情况下，机械对经济的好处与劳动分工相对应③。就像机械一样，劳动分工节省了劳动力投入，从而节省成本，还能在一定程度上节省时间。此外，劳动分工和机械的使用也大大提高了商品的质量。因此，这两种现象都极大地增加了生产的数量和质量。

人们常常认为，劳动分工和使用机械的一个缺点是导致大量工人失去了工作。的确，由于上述原因，许多工人逐渐变得多余，进而失业。然而这种观点可能会受到以下挑战④：

（1）工人们可以转而从事其他新的活动。

（2）通过更廉价的生产方式，商品价格会降低，因此对商

---

① 亚当·斯密："每个人都必须意识到，合理利用机器可以促进和节省多少劳动。"
② 里德尔强调改进的不仅是数量，还有质量。
③ 门格尔跳过了关于劳动分工导致机械发展的讨论，而这是亚当·斯密所阐述的。他现在认为机器实际上与劳动分工对应。这在里德尔的观点中没有被发现，但这部分大量使用了里德尔的观点。亚当·斯密从未在任何地方表达出分工或机器能提高商品质量的观点。
④ 这个论点再次参考了里德尔的观点。

品的需求会增长。如果销量上升，那么产量就需要上升。如果产量上升，那么工厂将需要雇佣更多工人，这样失业的工人最后会再次找到工作。

整体而言，引入劳动分工和使用机器的结果如下：

（1）国家经济的改善。

（2）对工人没有危害，最多是暂时对工人有些不利。

[门格尔在空白处备注：收入（一般来说）指在规定时间内计入个人财产的所有经济商品。[1] 回报是从某个收入来源新增的积累资产总和[2]。]

一个人的资本[3]指的是他拥有的可以用于满足需求、同时对构成该资本的实际资产存量没有影响的部分[4]。资本可以是流动的，也可以是固定的。在任何情况下，它都是通过经济活动获

---

[1] 这看起来有点像亚当·斯密的观点，但亚当·斯密很快就转而讨论一个人可以"控制"的劳动力是其"财富"的本质。最接近的来源是劳的观点。

[2] 这个定义来自亚当·斯密，没有找到显而易见的德语来源。

[3] 这个表达来自劳。

[4] 这里门格尔比亚当·斯密更加主观，认为资本是"满足个人需求的方式"，而亚当·斯密将资本定义为"（一个人的资产中）他期望能给他带来收入的部分。"然而，在计算收入时强调维持资本的重要性和扣除生活费（照亚当·斯密的说法是净收入）的必要性，这与亚当·斯密的大部分观点是一致的。

得生存手段的基础。

资产收入是指所有者通过资本获得并可以使用的所有经济商品。

收入不仅来自资本,也来自其他来源。

收入的主要目的是满足所有者的需求[①]。所有者一段时间内可以在不用到存量资本的情况下进行消费;如果他的资本由固定资产组成,但这些资产会受到各种影响,必须时不时进行维护以保持其价值,那么就应该从收入中采取必要手段,即收入不能全部用完,一定要留下一部分。

如果一个人省下了部分收入,即使没有任何明确目的,只是为了应对可能的紧急情况,只要他的收入来自履行公民义务而非资本侵占,他就应当被视为比别人更谨慎和明智[②]。

对于整体经济而言,如果个人都追求这种经济原则会更好。乍看之下,个人把收入花掉而不是存起来似乎更符合公共

[①] 赫尔曼将收入定义为主要用于满足需求。
[②] 从这里开始,门格尔在关键段落中接连使用了亚当·斯密的观点,而不是德语教科书。(但是这只是一个简短的前奏。)例如亚当·斯密说:"资本因节俭而增加,因挥霍和不当行为而减少。""每年节省的钱和每年花费的钱一样被消费……但它被不同的人消费。""一个节俭的人每年节省多少,他……就像公共济贫院的创始人……建立……一个永久的基金来维持一个……未来的数字。"

利益，因为这样它就会继续流通，可以重新使用。

但这其实是不对的[1]。通过储蓄和积累部分收入，人们会变得宽裕甚至富有，而许多富人将构成一个富裕的国家。

将收入全部花完会对社会有害，因为这是通向繁荣路上的阻碍。

---

[1] 这里以一种比较简化的方式介绍了所谓"法律"的原型，正如亚当·斯密所说的那样。鲁道夫在这里被教了"法律"。毫无疑问，门格尔的呈现更加充分。

政治经济学 III

1876 年 1 月

可以从两个角度定义"资产"这个概念,分别是广义和狭义的角度。

从广义的角度来看,资产是一个人所有的经济商品,可能包括金钱、房屋、农场、各种物品、库存、家畜等。它是最广泛意义上的财产的总和。

在狭义的角度来看,只有能产生收入的经济商品可以算资产,例如金钱、房屋、农场、企业、证券等。这个概念比前者更窄,因为它不是个人所有财产的总和,而是能从中获得收入的部分[1]。

收入是指在规定期限内个人资产中新增加的所有经济商品。

收入可以来自各种来源,例如可以是完成工作的工资或狭

---

[1] 这里门格尔与亚当·斯密的观点有一些差异。对亚当·斯密来说,门格尔的科学概念对应"存量",而门格尔的一般概念对应"资本"。但是笔记之后提到这部分内容时又有些差异,鲁道夫可能有些地方搞混了。

义上资产带来的回报。收入可分为两大类：净收入和总收入。

净收入是指扣除所有必须支付的费用，如税收、租金等之后，个人可以支配的收入。净收入总是与总收入有很大的不同，通常远比总收入要少，因为总是有很大一笔各类税收必须从总收入中扣除[1]。

总收入的概念从以上描述中很容易看出来；它是在扣除任何项目之前最原始的全部收入。因此，用一个人的总收入来判断他的富有程度是很大的错误，尽管这是他所有资产带来的回报，但他并不是都能使用[2]。

收益的概念则在很多方面与收入不同。

它表示一个人从特定收入来源获得的额外资产的总和。

收益仅来自某些特定的来源——并不是来自任何或所有经济商品，而是限于其中的一部分。

收入在一般意义上指来自所有资产的产出和效益，而收益仅来自这些资产的一部分。

因此，我们会讨论一个人的收入和某种特定资产的收益。

---

[1] 亚当·斯密同样区分了总收入和净收入，特别是农业地产的总收入和净租金。门格尔在这里参考的很可能是罗雪尔的观点。

[2] 亚当·斯密："净租金（是）……在不损害其财产的情况下能立即进行消费的部分，例如花在桌子、设备、房子、家具、装饰品以及私人娱乐方面的钱。"

收益也分为净收益和总收益。前者是扣除所有成本后剩余的收益,后者是扣除成本前的总收益。收益可能来自田地、金钱或家畜,如牛产出的牛奶等。

资本存量始终是任何收入的基础[①]。从这个角度而言,一个人的劳动潜力应被视为资本[②]。但在普遍意义上,资本仅指那些独立于其所有者的劳动、可以持续产生收入的可转移资产。

然而资本有不同的类型,可以分为以下三类[③]:

(1)房地产和住房。

(2)现金。

(3)企业。

这种资本的分类方式可以说是比较普遍的,因为它只涉及狭义的资本概念。从广义的角度来看,这一概念必须扩展到包

---

① 亚当·斯密明确说明了"存量的积累"对所有的"提高"都是必要的。存量资产是一个"长期基金"。
② 亚当·斯密:"每个人从自己的劳动中都能获得财产,这是所有其他财产的原始基础,因此最为神圣和不可侵犯。""一个穷人能留下的遗产完全来自他双手的力量和灵巧。"此外还有亚当·斯密提到的人力资本估值理论,例如:一个付出大量精力和时间接受教育的人,在从事任何需要非凡灵巧和技能的工作时都可以被比作那些昂贵的机器。
③ 这个划分方式与亚当·斯密有所不同。特别是门格尔将企业作为一类,因为他认为商誉是资本的一部分。

括劳动潜力[1]。

每种分类中都有更多的收入来源，它们与广义上的资本无关。

对许多人来说，收入包括他们劳动的工资，他们的劳动潜力构成了他们的资本。任何类型的工资都属于这一类——无论是脑力工作的报酬、士兵的报酬，还是任何体力劳动的报酬，包括救济、养老金等也是一样。

资本可以从两个角度来定义[2]：

（1）在科学意义上，资本指任何资产存量。

（2）在一般意义上，任何能产生收入或收益的资产总和都被称为资本[3]。第一个定义要广泛得多，因为它包括了任何持续

---

[1] 正如亚当·斯密所说，"第四，所有公民或社会成员拥有的可用的能力"被作为固定资本的一部分。

[2] 门格尔在这里参考了劳的观点。王储显然没有很准确地记录这一观点：劳区分了用于进一步生产的有用商品的总和（从经济角度构成资本）以及个人角度的货币资本（如果累加就需要重复计算）。第一个定义更基本，而第二个定义恰恰是更宽泛的。然而，为了进一步说明，门格尔可能用了来自米施勒的一个论点，即国家资本的概念比个人资本的总和更广泛，因为它还包括公有资本。看起来鲁道夫将两种不同的论点混为一谈了。

[3] 与这份笔记的开头不同，广义的角度现在似乎倾向于把资产总和作为资本。这与亚当·斯密的观点非常一致，对亚当·斯密来说，钱肯定不是"收入"的一部分："金钱，整个社会用于收入分配的方式……本身不属于收入的一部分。"与门格尔相近的信息来源是劳的作品。

的收入。后一种定义更窄,因为它只包括一部分资产。资本的所有者被称为资本家[1],大多数人渴望通过节省部分收入来增加资本,因此这对国家是有益的[2]。

如果一个国家的人民勤俭节约,根本不动用他们的存量资本,而是省下部分收入存起来,那么这个国家就很幸运[3]。

如果这种行为被普遍采纳,就会发展出一个繁荣、勤勉的国家,其内部将有序、安宁,在面临外部威胁时可以表现出自信[4]。然而经常有人反对说,如果人们,尤其是富人,将所有收入甚至是一部分资本用来满足他们的个人需求,工匠和商人就有更多的事情要做,失业的人数也会随之减少。

这可能是有道理的,但总的来说,这种态度是应该被反对的。某些行业,特别是那些与销售女帽、奢侈品和类似的只能

---

[1] 劳(最早是1826年)已经使用了"资本主义"这个词。在1876年,这个词还很不普及。它的出现似乎证明了门格尔在这里参考了劳的作品。劳使用这个词时,和此处一样是在限定条件下的含义,即大量金钱的所有者。
[2] 罗雪尔谈到"生产提高了资本的集中度"。
[3] 重复了亚当·斯密的核心观点,也可能引自罗雪尔的观点。
[4] 亚当·斯密并没有强调(国内)勤俭节约对国际竞争力的重要性。这是奥地利学派关注的一个主要问题。

带来即时快乐的行业会受到节俭的影响①，而由于大多数人平时会看到这样的商店，并不断听到商人的抱怨，这很容易就会使人们认为由于节俭和减少浪费，所有的贸易都注定要失败。

的确，某些种类的商店可能不得不减少他们的活动并解雇一些员工，但节俭将提升整个国家的财富和劳动力就业情况，因为人以增长为目的节省资本之后，不会一直任由资本留在手里②。他要么试图通过生产或投资来赚钱，要么会试图增加资本，例如造更多的建筑（相应的将雇佣许多工人）或购买好的机器（可以为生产机器的商人带来利润）。

对比总是花完所有收入的情况，当一个人开始节俭并尝试进一步增加其资本时，更多的人将从他的资本中获利③。此外，节俭的人通过投资可以为其他人带来价值，因为这些人能更好地利用金钱，为公众提供更有用的服务④。例如各种建筑工程中

---

① 再次重复了亚当·斯密的观点，只是略有差异。亚当·斯密限制了"闲散的客人和卑微的仆人，他们没有留下任何东西作为收益"。参见"关于享受当下的热情"和"不必要的奢侈品"。
② 亚当·斯密："存一部分……这部分是为了作为资本可以获得的利润。"
③ 略有调整的重复，对应亚当·斯密的"挥霍……减少了……劳动的数量"以及"真正的财富和收入"。
④ 门格尔呼应了亚当·斯密关于"生产性劳动和非生产性劳动"的区分，这与他自己的主观价值理论完全不同：在个人主义方法论的基础上，任何劳动都被认为是"生产性的"。

的工人、商人和国民经济重要物品的制造商。

节俭的优势也可能通过以下方式证明：浪费的人会任由商人漫天要价，把钱花在一些零碎的物品上，但得到的东西马上或很快就用完了，没有增加所有者的资产，而且在任何意义上都没有用。

而节俭的人则会花钱购买有用的东西，可以增加所有者的财富；因此，卖东西给他的商人从中受益，而买家通过利用购买的物品可以赚回他的钱，甚至得到更多收益[1]。

因此，在节俭的情况下整体财富将会增加，而在上述第一种情况下整体财富将会减少，这与一般的错误观点相反。

此外，节俭的人会把资本投资于铁路、运河、轮船企业等公共事业单位[2]。这同时增加了他自己的收入和国家的财富，进而国家的文明水平也自然得以提高。随着工厂的建立，许多工人被雇佣，而随着销售规模的扩大，整体财富也有所增加[3]。

在土地上修建水坝和排水系统也是如此。除了为许多人创造就业机会之外，这种建设必然会增加土地的价值和财富，而

---

[1] 这里用的也是亚当·斯密的观点中储蓄带来的"生产力量"和"长期基金"。注意这一点被多次提及，显然门格尔认为怎么强调也不为过。

[2] 门格尔基于亚当·斯密学派中央集权主义做了有趣的变化。

[3] 亚当·斯密：为了实现市场扩张的优势，资本积累是必要的。

且往往是土地价值的全部基础。

所有旨在增加个人财富和促进公共利益的活动都需要资金，个人财富与公共利益本身就是不可分割的。资金只有通过足够的经济活动和勤俭节约才能获得①。

能认识到这些事实意味着文明水平较高，这对能够理解这些事实的人也是有利的。

个人的浪费行为是对公共利益的侵犯，考虑到大多数人的辛勤劳动，浪费令人愤怒②。

公共的浪费行为，即政府对其收入粗心大意、不负责任地使用，是对社会所有成员不可原谅的犯罪，是对人类及其进步的犯罪③。

企业是一种由个人承担风险，以资本的生产性投资为目的

---

① 在这两段中，门格尔提出了积极的外部影响，即区域发展的外部影响，作为资本积累的另一大好处，这一想法接近赫尔曼，但亚当·斯密并没有相关观点。

② 在围绕亚当·斯密的观点转了很长时间之后，有趣的是，"不当行为"，即不当投资并没有被提及。因此，在门格尔的讲述中，投资者的前景要比亚当·斯密笔下乐观得多，显然没有不明智的项目。

③ 这里用的是亚当·斯密关于"公共的挥霍和误导"以及对政府的严厉谴责。这些笔记非常简短，用了大约15页描述亚当·斯密的所有思想：将近7页全都是储蓄的重要性和萨伊定律背后的思想。

的经营组织①。

一个企业可以由个人单独负责，也可以由一个群体来负责，目的都是一样的，即利润最大化，尽可能满足所有需求，这也是全人类的驱动力。

亏损和失败的风险是企业的特征之一②。建立或加入一个企业之后，需要通过节俭来积累资本。这里所说的资本有两种：

大多数企业都参与生产或交易原始产品或成品（门格尔在空白处批注：制造或成品。），但除此之外，企业家必然还需要其他东西来支撑生意；这些构成了他的固定资本（空白处写着：亚当·斯密。）。这被定义为"企业家通过紧紧抓住一部分资本、只在生产过程中使用它们来获得利润。"③

（空白处写着：固定资本是指用于生产但在单一生产过程

---

① 门格尔参考了罗雪尔的作品，他概括了劳所分析的内容。
② 亚当·斯密说："这场冒险可能会危及部分人的存量资产，为了他们的利益必须给他们一些补偿"，但他几乎没有考虑风险。门格尔可能是参考了劳、赫尔曼或罗雪尔的作品。罗雪尔详细论述了企业的变迁和企业家的风险。
③ "划分为固定资本和流动资本"最初是由亚当·斯密提出的。门格尔显然指出了这一点，如果从鲁道夫的笔记来判断的话，他在定义旁边（用墨水和下划线）写了"亚当·斯密"。这节课的内容相当接近"在不改变所有者的情况下产生收入或利润"。不过这里用的并不是亚当·斯密的原话。

或贸易中没有用完的部分资本。流动资本是指在单一生产过程或贸易中用完的部分资本。）

流动资本是指体现在商品中的一部分资本，当企业家直接或间接出售商品时（即与商品价值成比例），这部分资本会为其带来利润。

固定资本的例子包括工厂里的机器、商人的商店、工厂本身、铁路企业的火车头等[1]。

流动资本的例子包括工厂生产的布料、谷物销售商的谷物、零售商出售的物品、煤炭商人的煤炭、建筑企业的房屋等。对于工厂主而言，工厂里的机器是固定资本，对于机器的制造商而言则是流动资本；同理，火车头对于火车企业而言是固定资产，但对于生产火车头和车厢的工厂而言则是流动资产[2]。

价值[3]这个概念大多数情况下总是与所有企业和人有联系，

---

[1] 这里以亚当·斯密的观点为基础给出了更详细的例子。

[2] 这里也是亚当·斯密的观点。对不同类型的企业而言，机器可能是固定资本，也可能是流动资本，亚当·斯密也讨论了牛对养牛者的重要性以及牛对奶农的重要性。

[3] 奇怪的是，门格尔在这里讨论了价值——在讨论过商品话题之后很久以及在劳动分工和储蓄（典型的经典问题）之后。这与他在《国民经济学原理》中的顺序一致，此书的第三章讲到了价值。

尽管它经常被提及和使用，却很难给它下一个定义。

最常见的定义如下：价值是商品对获得者的重要性，因为它可以满足获得者的需求。举例：水只有效用，却没有价值。（门格尔在空白处批注：孔狄亚克。）①

其他定义：价值是指当我们认识到如果无法控制特定商品，我们的某个需求就无法得到充分满足时，特定商品对我们的重要性。或者说：价值是商品的重要性，如果没有这些商品，我们的某些需求将不能完全得到满足②。因此，可以在普遍意义上定义价值的概念，但它的含义可能有很大差异。对价值的衡量标准是相对的，取决于群体及个人不同的偏好、特征和习俗。

个人标准和要求有强烈影响，因此在小细节上的意见总是存在不同。因此，可以说每个人都根据自己的个人偏好来

---

① 这一次门格尔给出了一个完全主观的定义，但在这一点上，他参考了劳，尤其是罗雪尔。罗雪尔提到"商品的经济价值取决于它对人的重要性。"罗雪尔也明确地参考了舍夫勒的观点（舍夫勒是门格尔的前辈，也是之前的帝国大臣）。门格尔还发现有必要再引用一位18世纪的权威孔狄亚克的观点。罗雪尔关于效用和交换的概念就参考了孔狄亚克的观点。

② 门格尔："因此，价值是个别商品或一些商品对我们的重要性，因为我们意识到满足需求依赖于拥有这些商品。"其他的定义则在这个定义之前的段落被提出。门格尔在页面空白处的批注中引用了孔狄亚克的话。

设定自己的价值标准。但为了使沟通成为可能，必须根据人类的长期经验和需求，在一定程度上对交易中的商品确定价值。

人的一切利益和努力都指向一个目的，即以尽可能最好的方式满足需求[①]。因此，所有适合这一目的的商品都对人类有用，但不是所有的商品对人类都有价值。并不是所有可以使用的东西都是有价值的，因为价值是指在可能失去的危险情况下获得有用东西的重要性。

有几种特定的商品在几乎所有可以想象到的情况下对所有人都有价值，因为它们主要是为了满足最重要的需求。但我们也找到了根本不符合或通常不符合这种情况，因而没有价值的东西。不过这一概念会受许多因素影响。

即使一件事对每个人都有价值，衡量价值的标准也会有很大的不同。

在这里，我们讨论了价值衡量的差异，这些差异源于人们处境的多样性及其由此产生的不同观点，但也有天然的原因，

[①] 这是门格尔的前辈舍夫勒对经济科学的定义，他说的是以最小的牺牲来最大限度地满足需求。

源于物体的本质①，这导致了对其的不同估价。物品的稀缺性和需求的紧迫性都大大增加了它的价值②。

---

① 如果这种表述是正确的，门格尔在这里与主观价值理论相矛盾，包括与他自己的解释也有矛盾。绝对"稀有"的概念意味着客观价值的概念。在《国民经济学原理》中，门格尔本人指出："商品的价值取决于它们与我们需求的关系，而不是商品本身所固有的属性。因此，在某些情况下，价值并不是什么固有的东西，因此商品也并不总是有价值的。"至少从胡费兰开始，德国经济学家就已经强调过这一点。
② 对于需求的重要性，或更确切地说是紧迫性的深入讨论（这是一种客观的主观价值理论，因为它具有普遍的有效性），参见门格尔的老师米施勒的观点。

政治经济学 IV

1876 年 1 月

这通常可能是正确的，但在特殊情况下，一个物体可能在某种特定情况下对一个人有巨大的价值，而在平时的日常生活中则对他完全没有价值。例如一杯水在水源充足的地区或城镇没有很大价值，因为即使洒了也马上可以补上。然而，在沙漠中，同量的水将是最有价值的东西，一个人会付出任何东西来获得和拥有这杯水，因为它可以使人免于死亡①。

这个例子说明了同样的商品在不同情况下可能会有不同价

---

① 门格尔在"现代主义"观点之后又回到了古典传统的方式。水和钻石的对比（后面几段鲁道夫写到了"钻石和其他珠宝"的对比）参见亚当·斯密的观点。在亚当·斯密那个年代，这种观点已经相当古老了。亚当·斯密曾讨论过水对一个在阿拉伯沙漠中迷路的富商的价值，但门格尔可能并不知道。门格尔可能是二次引用，一个可能的来源是劳的作品，其中讲述了撒哈拉沙漠一位富有旅行者的故事，他以难以置信的高价购买了他可怜的同伴一半的水——结果他们都死了。

值，而不同商品也有不同价值。我们经常会发现商品价值的差异大到令人惊讶。

这是因为有些商品的价值取决于它们的稀缺性，有些商品的价值则取决于它们可以满足的需求的重要性。

毫无疑问，对人来说，铁是一种比金更重要的金属，因为在生命的各个阶段都需要用到铁，但金子的价值却更高[1]。我们需要用黄金的稀缺性和获得黄金的难度来解释这一点。因此黄金的价值增加了，只有一小部分人可以拥有它。

如上所述，一件商品的可用数量对其价值有很大影响。数量越多就越容易获得，因此价值就越低，因为很容易拥有它。最好的例子是谷物，丰收后它的价值会下降，而收成不好的时候价值会上升[2]。

那些对人类生存至关重要的物品会因为数量充足而失去价值，另一方面，很不重要的、可能只会迎合少数人喜好的东西如果非常稀有就会价值很高，例如钻石和其他珠宝[3]。

我们一般将价值定义为特定商品的重要性，因为如果没有这些商品，某些需求就无法得到完全的满足。那么价值可以分

---

[1] 铁和金子的比较可能来自亚当·斯密的作品。
[2] 罗雪尔进一步讨论了不同的收成情况对玉米价格的影响。
[3] 罗雪尔作品中的相关段落主要讨论奢侈品消费。

为两类：

（1）使用价值。

（2）交换价值。

使用价值是指商品对所有者[1]而言立刻就能用上的价值，比如衣服之于想打扮的人、眼镜之于近视的人、天文仪器之于天文学家（注意不是对生产商或销售方而言）[2]。

交换价值是指商品在与他人交换时获得的价值，例如待售的衣服之于裁缝、眼镜之于视力正常的销售商、天文仪器之于制造商等。

一件商品可能同时具有使用价值和交换价值，但其中一种或另一种将占主导地位。当使用价值占优势时就保留商品；当交换价值占优势时就出售商品[3]。

---

[1] 这是门格尔自己的定义——差异在于原文中鲁道夫没有用拉丁单词"直接"和"间接"，而是用了德文词根来代替。

[2] 在这里和下一段中，门格尔使用了他自己的例子。

[3] 这是门格尔非常喜欢的对交换的一种解释。他在《国民经济学原理》中用了将近4页的篇幅进行讨论。据我所知，这是他原创的观点。

论小企业的生存能力[1]

工厂数量的增加、大规模生产，特别是劳动分工，都是对小企业家的持续威胁[2]。这令人感到遗憾，因为小企业家阶层具有可靠和稳定的特征，并且历史悠久[3]。这可以追溯到很早的时候，当时没有其他工业生产方式，所有工厂和企业都是由小企业家创办的。

小企业家与工厂工人的本质差异在于他是自由的，他是自己的主人。他可以把自己用汗水生产的商品称为他的工作和财产。由于他拥有一家企业，即使规模很小[4]，他也会希望社会有

---

[1] 门格尔在讨论了价值之后（引入这个话题是为了更好地阐明企业的问题）跳转到与之无关的小企业的话题上，这似乎有些奇怪。不过，如果他在试图尽可能地紧跟亚当·斯密，那这种展开方式就不奇怪了。亚当·斯密讨论了"劳动分工受到市场范围的限制"。他详细地解释说："有一些工业……只有在大城市才能进行"，接着讨论了每个市场的适当规模。门格尔将地区分化做了"现代化"处理——在这节课的后续会展开讨论——变成他那个时代受到巨大社会关注的发展趋势：小型手工业企业的衰落。在这方面，他延伸了劳的观点，事实上，连着几个论点都可以追溯到这个来源。

[2] 劳认为小企业的缺点是由于劳动分工和大企业的崛起（没有明确提到大规模生产），和这里一样。

[3] 劳提出了一个略有不同的观点，即"过去的手工艺品贸易据说是既可靠又有利可图"。

[4] 劳强调了这一观点，认为这是经济形势好转的原因。

序和平,因此对国家和政府而言比不安于现状、流动性强的工厂工人更加有利①。

正因为这个原因,大多数政府试图让小企业生存下去,并尽可能长时间地保护他们免受当今这个无法忍受缓慢和琐碎的时代的影响。

尽管付出了这些努力,小企业的日子似乎已经结束了,他们很难与工厂令人印象深刻的表现竞争。

随着文明的不断进步,需求量及其多样性也大大增加了②。

在各个领域都需要大量的商品,人们必须以最快的速度准确地生产出来。这些要求只能通过机械化和劳动分工来满足,而两者都以大规模企业为前提。

机器生产非常精确,所有商品都完全一样,通过高速生产商品也变得更便宜③。

小商人要么用自己的手,要么用最原始的机器制造同样的产品,但由于工作的特点,这些商品并不一样,而且生产非常缓慢。在一段时间内只能生产并出售少量商品,为了谋生,小商人会以更高的价格出售。

---

① 劳对工厂工人的过度流动和道德败坏都表示遗憾。
② 门格尔的一个典型观点,劳没有提出过,他只考虑了供给方面的因素。
③ 劳认为机器生产的商品更好,这是劳的经典观点。

大型制造商可以雇佣大量的工人，通过最大限度的分工培训出细节方面的专家，每天以最快的速度和精确度各自完成简单的任务，整个工厂的生产速度很快，有大量商品可以出售，因此每个商品的单价可以比较低。这个系统的优点不容忽视。快速生产、高质量和同质化的产品，特别是低廉的价格都是重要的考虑因素[①]。

另一方面，小商人只能支付几个工人的工资来进行生产。工作一定是缓慢的和不均衡的，因为每个工人并不是只需要执行一个不变的小步骤，而是需要进行多样化的操作，负担过重。这个烦琐的生产过程导致销量很低，因此小商人必须给商品定更高的价格[②]。

缓慢、不均衡的生产和高昂的成本是非常人的缺点。制造商以批发的方式按特定时间间隔购买大量原材料以维持工厂的运转。由于企业规模够大，有足够的资本购买大量原材料，并立即加工，以新的商品形态销售，获得可观的利润。通过这种大规模的运营，原材料的价格也会比少量购买更加

[①] 对大工厂生产速度的强调没有在劳的著作中提到，当然劳提到了对消费者的降价。

[②] 重复亚当·斯密（1776）关于劳动分工影响的论证。

便宜①。

然而，如上所述，小企业生产缓慢且不均衡，成本更高，销售额也很小；因此，小企业几乎没有资金，只能被迫单独或少量购买原材料，这会比大量采购更贵，但小企业在任何时候都做不到大量采购。

总的来说，小企业可能被认为是一种过时的制度和社会阶层②，由于历史原因，小企业对人类有一定的意义，长期以来它作为一个光荣而坚定的阶层存在，并且在黑暗时期推动了工艺和贸易发展。然而，小商人缓慢而无利可图的活动无法满足我们这个时代的要求③，这个时代完全以华丽和巨大为标志。当大量商品被需要、被使用，只有大型企业、大量工人和机械才能真正满足需求的时候，不断增加的大工厂无可避免地会对小企业造成致命打击。

尤其是在大城市，商人会发现经营越来越困难；小企业仍然可以在小城镇站稳脚跟，因为市场较小、销售额有限，而且几种工艺和行业往往合并在一个企业中，因此劳动分工和快速

---

① 这一段和下一段几乎完全是劳的观点。劳强调了批量采购和时间安排的优势。亚当·斯密没有提到这两个方面。
② 劳的观点与之相反，即总的来说工厂是好的，但不应该刺激它们增长。
③ 门格尔的夸大，也可能是王储本人的夸大？劳没有这样说过。

生产的大型机械并不适合①。

但是，正如坚持维护小企业的生存是错误的一样，如果完全不支持它，并将其视为过时的东西，那样很冷漠而不公平。当整个阶级或职业都注定要失败时，尤其是如果它已经勤奋而美好地存在多年，人们应该尽可能努力让其维持更长时间，特别是如果它对国家是有利的。

因此，国家应当努力促使小企业联合起来共同合作②，从而具有大型企业的一些特点，这样小企业确实会失去一些原本的特征，但既然无论如何都无法保留下来，这样做的唯一目的只是拯救现有的商人——大多是正直的、应该得到帮助的人——免于破产，他们的后代将自然而然地屈服于时代的压力合并成大企业。当然，政府关于维护这一群体的建议应该只是在一段过渡时期内提出。

通过适当的方法③，小企业应该要变得类似于大型企业，以

---

① 亚当·斯密："乡村的工人几乎投身于所有不同的行业，这些行业彼此……有着密切的联系。乡村木匠从事各种与木头有关的工作，乡村铁匠从事各种与铁有关的工作。"
② 在这里和下面的段落中，门格尔显然主张合作，这是劳没有说过的。他在奥地利和德国时期，手工业企业的合作运动非常流行。
③ 劳谈到工匠需要接受教育使自己达到实业家的水平（根据他的说法，他们是"受过科学教育的"）。

便提高竞争力。

一种方法是让同一个城镇的几个商人合作，通过联合工作和资本扩大他们的活动规模；通过联合经营，他们的企业更容易达到单个商人无法达到的规模。

独立的小商人几乎永远不可能购买机器进行工作，即使他设法存了足够的钱，他也只能购买需要很少燃料的相当原始的机器，因为对小商人来说，燃料是昂贵的东西。因此，这样的商人应该联合起来，通过联合账户将命运绑在一起，共同承受时代的变迁，这是他们自己做不到的。他们必须共同购买机器，平等、和平地分配劳动成果，他们必须形成一家真正的企业，通过合同绑在一起，使这样一家企业在目前不利情况下能生存的重要先决条件是所有人达成一致。

同样的，对于只雇佣一两个工人的商人来说，劳动分工几乎是不可能的，或者只能处于初级阶段，从而成为对他生存的主要威胁，这也必须尽可能通过合作来解决；小企业家应该把他们的工人带进联合企业，并给工人们分配不同的业务和职责以提高生产速度。

我们还提到要购买昂贵的原材料是小企业的主要劣势之一。如果这些商人联合起来成为一个企业，从一个联合账户中批发购买他们的原始产品，这个问题至少可以在一定程度上得到缓解。主要优势是更低的价格、更大的业务增长和更快的赢利[1]。

通过这种方式我们就可以试图维持住小企业，但必须永远记住，这只是时间问题，小企业的衰退是迟早要面对的事实。

现有的小企业绝对没有任何机会形成新的大规模企业。我们只是在维护一片老旧的废墟，它迟早会崩塌，这是不可避免的。

---

[1] 这个类似合作社的建议——集体通过实现劳动分工获得收益的例子——是门格尔在讲课中原创的。

政治经济学 V

1876 年 2 月

论金钱和货币的起源[①]

从历史的最开始,也就是最广泛意义上文明起源的时候,人类就在用物品来满足自己的需求。然而每个个体的需求不同,我们将人对同一物品的不同偏好程度称为价值衡量。人与物品的不同关系引发了这样一个过程:一个人放弃了一个不那么重要的物品,以换取另一个更符合他需求的物品,这就是我

---

① 门格尔再一次紧跟亚当·斯密的主题。前一份笔记中讨论的小型企业的问题来自亚当·斯密的观点,"市场范围的局限性",现在则是"货币的起源和使用"。

们所说的交换①。

这是所有贸易和交通往来的最原始的起源。

当然,在最开始的时候,这种交换是非常困难和随意的,因为它基于个人对物品的估值,很显然会受到心血来潮和个人偏好的影响。

在特洛伊战争时期和希腊早期,人类的文明水平达到了一个更高的层级,就出现了在交易过程中确定价值标准的需求。

在放弃简单交换的随意性、不得不引入最早的标准化交换条款时,人类的发展取得了显著进步②。个人需求的增长和随之而来的交通发展推动了这种进步。

---

① 亚当·斯密:"个人自己的劳动成果只能满足其需求的一小部分。因此每个人都通过交换来生活。"另一方面,门格尔比亚当·斯密更主观地看待人与人之间的差异。亚当·斯密认为交换的根本原因是每个人只能生产某些特定的物品,而在门格尔看来则是因为个体有不同偏好。这里门格尔参考了罗雪尔以及劳的观点。在门格尔自己的《国民经济学原理》中,货币的主题也排在交换之后,但这两个主题并不是紧密衔接着的,中间还有关于价格理论和商品"市场性"的讨论,而这些话题在他给鲁道夫的授课中没有涉及。

② 亚当·斯密:"每个节俭的人……自然会努力……随时保有……一定数量的某些商品,在他的想象中很少有人会拒绝交换的那类商品。"门格尔在《国民经济学原理》中详细阐述了这一观点,他认为货币是最有市场价值的商品(参见门格尔对其选择背后的社会共识的讨论)。同样,罗雪尔提到了"最通用的商品",而劳特别强调需要建立社会共识。

动物是第一批标准化的交换物品。它们在罗马和希腊早期[1]被引入，是当时习俗和收入来源的自然结果。在历史最初的时候，农业，尤其是畜牧业[2]是所有人的主要工作领域。农业只有在文明程度更高的国家才得以发展，而畜牧业为所有游牧部落提供了唯一的生存手段。

因此，动物必然成为主要的交换品，因为它们相对而言行动自如，很容易由一个人交给另一个人。此外，家畜可以通过大小和价值来进行分类，这大大促进了交换。

尽管这种交换品存在不确定性而且比较烦琐，但这比最早的时代已经有所进步，当时任何物品都可以用于交换。交换品标准化的概念以及因此产生的估价标准标志着人类发展的进步。

随着古代民族文明的进步，这种交换的不便之处[3]变得愈加明显，尤其是对生活在海岸边的部落的人来说，他们发现很

---

[1] 罗雪尔认为在更早之前人们将动物皮或毛发作为货币，并不涉及过多历史的劳的教科书中没有提到这一点。门格尔在《国民经济学原理》中详细讨论了这一点。显然，他对这个主题做了历史和语言学研究。
[2] 罗雪尔在讨论将牛作为货币时指出，它天然就是"游牧民族和原始农业家"的货币，门格尔也提到了这一点。
[3] 这一点可以在门格尔的著作中找到，它被认为是普世的而非过时的原则。见《国民经济学原理》（"不便之处"）。

难在海上用动物换取遥远国家的商品,但通过迅速的扩张和繁荣的贸易,这些民族已经逐渐变得文明而精致。

因此人们在很早就已经想到要赋予某些自然物品一种经过协商确定的价值,并利用这些物品来促进贸易和销售。

如上所述,放弃将动物作为标准化交换品的理由有很多,当必须从一个地方运送到另一个地方时,动物的缺点就特别明显[①]。此外,并不是每个人都能饲养动物:动物饲料很贵,死亡或疾病会毁掉它们的价值,甚至毁掉一个人的全部财富;而且不同动物的价值非常不确定,所以用动物进行交易可能会发生各种不诚实的情况。

这种制度适合狩猎部落和从事原始农业的人。即使在今天,这种贸易对世界上最偏远地区的原始部落来说也是非常有利的,但在数千年前,那些注定要成为文明起源和火种传递者的国家、知识与文明进步的先驱,很快就放弃了原始的方法,发明出更便捷的交换方式,以便在各国之间实现贸易繁荣和大量商品交换。这些活动使各国人民之间得以沟通,为他们带来财富,而财富反过来又是进一步发展的基础。

在讨论最早的货币之前,必须先谈谈原始民族之间的交换

---

① 奇怪的是,只有罗雪尔提到了运输金属相对便宜这么明显的事情,并对运输成本进行了深入的计算。门格尔在其作品中也简单提到了这一点。

品。在世界的其他地区，一些人，甚至是整个民族，至今仍然处于我们祖先很久很久以前的发展阶段。

其中一些部落只靠狩猎或掠夺邻近部落为生。这些部落都处于最原始的阶段，因为他们像野生动物一样只能靠战利品生活。这些人完全不熟悉物物交换，或者最多只知道用杀死的猎物进行交换。但即使在未开化的民族中，也有一些人达到了比这更高的水平。衡量一个民族文明水平的最佳标准可能是其收入来源。当相当原始的依靠狩猎的生存方式逐渐终止，当农业、商业、以物易物开始出现，就标志着文明发展到了更高的阶段。

这就是其他地区大多数人民的情况。他们交换自己国家的自然物品，例如用毛皮、宝石、珊瑚甚至动物和许多其他物品来交换一些小东西，比如小饰品、枪、来自欧洲的服饰、白兰地等。这种交换仍然是非常原始的，因为它缺乏任何确定的交换标准，只是遵循当时的一时冲动，没有任何明确的估值和价值比较。

我们发现在稍微先进一点的地区，人们会使用一些标准的交换品——某种货币，来促进以物易物。这可以被认为是向前迈出了一大步，因为它标志着欧洲的方式开始被接受。

通常会选择自然界很常见的物品作为货币，例如贝壳。这意味着智力发展到了更高的水平以及有更强的能力和想法来实现某个点子。

非洲的一些部落发明了这种货币，用莫内塔科的小贝壳进行交易，他们称其为货贝①。在海岸上可以找到大量这种贝壳。贝壳的大小决定了它们的价值，所以不同尺寸的贝壳就成了不同类型的货币。

这就是其他地区那些文明程度较低的民族的情况。他们或多或少处于我们祖先在很早的历史时期已经达到的原始阶段，唯一的区别是我们祖先的文明进步迅速，而这些部落的进步极其缓慢。文明程度较高的民族及其不断进步的文化将无法等待这种不起眼的进步。通过在全球各地传播自己的文明，无疑将摧毁那些难以反抗的文明程度较低的民族②。

在短暂偏离主题之后，让我们回到祖先的交换行为，看看它的发展过程。

我们最熟悉的是希腊人和罗马人的发展过程，因为我们知道很多关于他们生活的史实，甚至比其他时期都要多。最初用动物进行交换的时期并没有持续太久，研究者很快就发现了货

---

① 在门格尔的书里没有发现，但罗雪尔详细讨论了这种货贝，包括其很少被人提及的拉丁名称。
② 可能是鲁道夫自己的形容？

币的踪迹，最初的货币形态是长条形的金属棒，根据不同的标准进行切割并用于交易。

虽然有些烦琐，但这种程序的发明和实践是人类发展中向前迈出的一大步。人们，或者说所有人，第一次一致决定接受将某个特定对象作为一种交换品、一种价值衡量标准，从而使物物交换变得更加容易，同时任何人在这件事上都没有天然优势可以积累财富。

当然，这种创新一开始并不完美，存在很多不准确的方面，程序也相当烦琐，特别是要携带很重的金属棒。切割金属棒也很麻烦，必须随身携带用于切割的工具，在这个过程中当然很可能发生武断或者侵吞的情况，这些都导致了这种货币被放弃，并促使人类发明了第一批硬币。硬币可以再次被认为是又向前迈出了一步，但不像第一步那么重要，因为第一步带来了一个全新的体系，而硬币只是在现有的体系上做了改进。

随着贸易和交通的不断发展，金属棒比较笨重的问题变得越来越明显，所以我们的祖先，例如大约公元前5世纪的罗马人，决定把金属棒的形状变得更好、尺寸变得更小，这样就可以便于随身携带了。

此外，这些货币可以有不同尺寸，而尺寸可以对应它的价值。因此第一批硬币就诞生了。硬币是大规模贸易的前提，也是在土地财产之外积累财富的先决条件，是衡量所有物品价值的标准。最早使用的硬币是用铜铸成的，后来硬币上开始刻它们的价值和其他信息。在罗马帝国和其他一些由统治者独立统治的古代民族的硬币上，刻着君主的肖像。

最开始用金属硬币的时候，硬币是方形的，后来才变成圆形。在很长一段时间里，硬币都是用铜①制造的。随着文明的进步②，黄金和白银这样的贵金属也被用于制造硬币，当然这种硬币的价值比铜币高得多。除此之外硬币并没有进一步变化，只是一定程度上变得更加精致漂亮了。它们至今仍然是普遍接受的交换方式，就像在古代一样。

一般来说，生产货币需要非常小心和准确；每一枚硬币的形状、重量、金属含量和价值都必须和其他硬币一模一样。由于国家的所有成员都相信硬币价值的准确性，不准确的硬币可能会产生巨大的问题。如果硬币里的贵金属含量过高，这些硬币就会被熔化③；如果金属含量太少，个人就会遭受损失，就好

---

① 亚当·斯密详细讨论了罗马人对铜的使用，两次引用了普林尼的话。罗雪尔则表达了不同的观点，他认为在某些地方黄金和银比铜更早被用于铸造硬币。
② 亚当·斯密和罗雪尔认为，使用金币和银币是高等文明的标志。
③ 劳明确讨论了硬币的价值与贵金属的国际价格必须保持接近，否则它们就会被熔化。

像政府在欺骗他。政府还应特别注意控制假币，造假除了是严重的不道德和犯罪行为外，还会对个体和整个国家造成实质性伤害。

但最重要的是，我们必须将国家统治者的诚实视为制造硬币的首要和必要前提[①]。当统治者通过假币欺骗他的人民，而不是成为世人眼中法律和秩序的象征与保护者时，他就终结了道德和普遍正义的可能性。

这种行为除了会破坏所有非道德观念外，还破坏了国内外对政府的信心，进而阻碍贸易发展，最终带来贫困。

统治者如果这么做就会削弱自己的地位，自甘堕落为随处可见的骗子。

目前这种严重的罪行已经不再发生，但所谓诚实的中世纪和现代早期都有足够多的相关例子。

---

① 亚当·斯密、劳和罗雪尔都没有提到这种道德教训，这是门格尔对鲁道夫的嘱咐。

政治经济学 Ⅵ

1876年2月

论政府干预经济的收益和局限（一）

个人和国家一样，最关注的是满足需求。随着基本需求得到满足，需求的数量会继续增加，不断增长的需求标志着文明的进步①。国家依靠与其个体成员相同的手段来满足需求和获得财富，这是任何权力外在表现的重要前提。

这里指的是公民的生产和经济②。节俭、勤劳，以体面的方式谋生是真正的公民美德，为物质和非物质文化的重大发展提

---

① 在他的《国民经济学原理》"人类福利进步的原因"中，门格尔的看法有些不同："人类在这个方向上走得越远，商品的种类就越多样化。"门格尔认为这是发现可行的生产和消费技术的问题，而不是扩大需求的问题。
② 亚当·斯密："社会的年收入总是完全等于这一年生产的农产品的可交换价值，或者更确切地说，与该可交换价值是一回事。"

供了可靠的基础。

国家是其公民的总和,把国家作为一个整体来看,就像人一样,整体的繁荣离不开局部的繁荣,局部的繁荣也一定会对整体有利。

必须把这一点当作重要前提,因此任何人都不应该把国家及其公民视为并肩生活的不同实体,这更像是一个由许多原子组成的有机体①。

(门格尔在空白处批注:每个人都能因为节俭获益良多②。)

在内心深处,人都有建立一个安全、和平家庭的愿望③。即使是少数不愿意追求这条最自然的道路的人,仍然有足够的意愿去追求获得快乐生活的必要手段。无论如何,满足需求是人的主要目标,人类生活的人部分活动和努力都指向这个目标。

当然,需求的种类千差万别,当较小的需求得到满足之

---

① 罗雪尔认为经济是一个有机体,并讨论它在多大程度上"不仅是许多私人经济单位的同时存在"。
② 劳:"每个人都渴望维持和增加他们的财富,并将其用于消费(个人物品),这是经济的主要驱动力。与之而来的是勤奋、思考、寻找最好的收入机会以及渴望获得必要的知识和技能。"同样的想法也可以在亚当·斯密的书中找到。
③ 米施勒提到家庭是一个人的经济的激励因素。

后，就会产生更多更大的需求，最终即使最富有的人也无法满足所有需求①。

然而不顾后果是努力最大的敌人，会导致为了短暂的快乐而耗尽劳动成果的结果。这是一种会发生在个人、社会阶层甚至是整个国家身上的严重问题②。

与这种病态状态相反的是健康的节俭，包括用劳动成果来满足最紧迫的需求，同时将不太重要的需求往后排，这样就可以用最少的资源来满足尽可能多的需求，并留出一部分收入作为获得更多收入的基础③。

因此，节俭努力与公民的生活息息相关，这是他们最关心的问题，也是他们所有活动的原动力④。如果一个人成功了，他将履行自己作为一个好公民的职责，在建立好的家庭中稳定下来，然后开始用他的资产为公共利益工作。

但是国家也因其各个局部的力量而变得强大，为了只有依靠财富才能完全实现的核心目标，国家必须关心和保护公民节

---

① 米施勒讨论了需求的无限扩张。
② 罗雪尔认为，"有节俭的人，也有不节俭的人，国家也是如此。"
③ 这个优化过程是门格尔在《国民经济学原理》中的主要思想之一。不过他的老师米施勒在他之前就提到过这一点，这里显然是参考了米施勒关于需求层次的观点，尤其是交换和生产上"戈森第二定律"的雏形。
④ 最后4段（总体上来自亚当·斯密）主要是重复上面已经说过的内容。

俭、勤奋的特征和福利情况，因为公民本身就是国家的财富来源[1]。（门格尔在空白处批注：国家高度关注个人的经济情况，因为国家财富与个人财富息息相关。）

如果一个国家的成员通过节俭和勤奋获得了公正、平等的成功与繁荣[2]，这个国家就能够在遇到问题时调动所有资源，发挥更大的权力来解决问题。

当然，作为政治体的代表，作为其行为的负责人，政府必须以节俭的方式利用社会资源；因为如果政府不能节约利用资源，那么个人的努力和节俭对整个社会就毫无用处，国家会一直处于缺乏资金的状态[3]。（空白处写着：因此，个人经济的成功是社会繁荣的基石，是实现国家主要目标的保证。）

因此，国家保护每一个公民，个人通过努力追求自己的利益。公民纳税不同于向外国缴税，而是作为对自己国家政治体系的贡献，进而也是对自己的贡献。能够为国家付出更多的

---

[1] 劳指出私人财富和国家财富并不是对立的，国家财富是一个国家内所有私人财富的总和——这也是亚当·斯密的观点。

[2] 罗雪尔引用了卢梭和亚里士多德的话，认为国民经济繁荣不可缺少的前提是大、中、小规模财富之间的"和谐"。

[3] 劳："人民的经济福祉……是国家的目标之一。"

人，国家也会给予他更多[1]。正如受到国家的保护，甚至只是意识到国家对自己的关注会让公民感到安全和自信一样，他们的经济活动也是国家持续发展的动力。

因此，国家有责任促进公民节俭努力，通过给予公民支持，提高整体繁荣水平。

尽管这一原则是真实和必要的，它却可能不利于一部分人的幸福和繁荣。尤其是当一个民族已经达到较高的文明水平时，政府在促进个人经济活动时必须谨慎行事，一定要避免"扮演大家长"这种严重的错误。

当一个民族文明程度较低时，国家领袖可能会主动尝试刺激低迷的经济。但如果贸易和商业因人民的努力和教育而繁荣发展，国家的过度干预会大大损害公民利益。促进国民经济的最好方式是允许个人自由地行动，只有在个人力量不足时国家才出面提供支持与帮助[2]。

关心自己和家庭的幸福并对其负责是对工作和生产的有效激励，履行这些职责对自由的公民而言可以带来最纯粹的快

---

[1] 亚当·斯密："每个州都应该尽可能地根据各自的能力为支持政府做出贡献，这与他们在国家保护下分别享有的收入成比例。国家中个人对政府的补贴就像大庄园里每个租户对庄园主的补贴一样。"
[2] 门格尔的中心思想是从劳而来的。

乐和最真实的成就感。现在，如果国家承担了其中的一部分责任，个人将感觉受到强迫，即使是在与他的个人利益最相关的事情上也不再是自由的[1]。在没有任何人帮助的情况下独自养家的自豪感以及能够独自掌握生存难题的知识，这对受过教育的公民而言是最宝贵的财富。如果国家免除了个人的这些责任[2]，个人会感觉受到伤害，他对工作的享受和动力也会随着责任而消失。因此，政府将得到与预期相反的结果。

除此之外还有相当实际的理由反对这一点。政府不可能了解所有公民的利益，为了帮助公民，政府必须考虑到每个人的各种活动。因为任何阻碍人的个性及其自由发展的计划，无论应用在哪里都是非常不合适的。

无论多么精心设计和善意的制度都永远不可能适合所有人，因为只有个体自己确切知道自己的利益和促进方式。

---

[1] 这句话非常接近门格尔的老师米施勒的观点。"生产原则"，米施勒称关心自己的幸福是人类活动的主要动力源泉之一，可以激发和增加体力，促进智力发展。这种自我关注随后通过对家庭的关心和爱得到增强、扩大和升华。从这里往后，米施勒与门格尔的观点出现分歧。为了家庭的利益，个人应该继续对公共利益保持兴趣，拥有公益精神。而门格尔主张对国家进行限制，以确保"不受阻碍的个人发展"。米施勒赞扬宗教是个人和公共幸福的先决条件，门格尔没有引用这部分。
[2] 这一段和下面的部分对应赫尔曼，他说工作是终身的奉献和牺牲，并认为对子女的爱是打破父母利己主义和自我保护的动力。

无数的因素决定着人的活动，这些因素对每个人来说都是不同的，只有个人知道达到目的的手段。不受阻碍的个人发展产生了各种各样的活动，使文明达到更高的层次。公民个人最清楚什么对他有用①，在为自己的目的工作时，他会最勤奋②。在文明的国家，个人努力有助于增加集体福利也是一种必须被提到的很大的工作动力。然而这种道德冲动只会出现在文明程度较高的阶段，这正是由个人的自由发展所带来的。

在这种情况下，整个国家将繁荣进步，文化将蓬勃发展，由满足、自信和勤劳的人民不断推进；然而这需要通过公民在经济活动中享有自由来实现，因为这样他们才会最大限度关心个人及国家福祉。而如果政府采取家长式的错误做法，控制公民最私人的事务、负责经济事务并干涉个人活动，看起来是想帮他，实际上却是在伤害他③。

工作的多样性源于个人的多样性，正是这种多样性促进了

---

① 亚当·斯密："资本可以用于什么样的生产，如何使其产出具有最大价值，很明显，每个人在自己的处境下都可以比任何政治家或立法者更好地判断这些问题。政治家如果尝试指导个人如何使用他们的资本，他不仅会给自己带来最不必要的关注，而且会变成一个……愚蠢而自负的权威，没有什么比这更危险了。"
② 罗雪尔在他对公共财产缺点的讨论中明确指出了搭便车的问题。
③ 劳认为，经济政策作为政府活动之一，"包括鼓励"。经济政策应该非常谨慎，更多地进行帮助和刺激，而不是使用强迫的方式。

各个方面的进步。如果进行全面的官僚控制,这种多样性将完全消失。即使是最忠诚的公务员也只是大机器中的一个盲目工具,按照规定和指示以刻板的方式处理所有问题,既不能满足当代进步的要求,也不能满足现实生活的多样性。

因此,以刻板的方式对待所有经济活动、遵循同一条规则、完全无视个人利益,这是不可行的。只有个体自己会为了自身和家人的生存和利益而奋斗。

公民勤劳工作过程中的自由和自力更生是一个国家全面发展的基础。因此,国家必须实现并捍卫这些基本原则。与之相反,家长式的作风会破坏和阻碍国家进步,并且侵犯公民最自然的权利。

如前所述,国家只是其各个局部的总和,局部构成整体。只有局部繁荣国家才可能繁荣,因此,在所有问题上代表整体的政府必须特别考虑到公民的勤劳工作,因为这是所有财富的来源,也是国家的力量。

一个明智的政府必然会关注如何在不妨碍任何个人的情况下对经济表现产生积极影响。

以上我们讨论了即使在最普遍的情况下,政府干涉也会非常困难以及即使以帮助为出发点也很容易转变为家长式作风从而限制个人自由。然而,在国家生活中,有时个人或公民群体的经济情况会遇到障碍，需要通过政府的权力来消除障碍，因为在这些情况下个人能力也许是不够的[①]。

我们在这里讨论异常情况，因为只有这些情况才是政府干预的正当理由。在日常经济生活中，我们必须始终谴责这种行为。（空白处用铅笔写着：？）

在大多数情况下，这些需要干预的场景非常严重，要么需要特殊的法律——当然只有国家才能通过；要么涉及很高的成本——因为障碍非常大。因此政府的支持必不可少。

在这种情况下，如果将公民在经济事务中的个人责任和自力更生原则发挥到极致，对他们乃至国家都是有害的。政府的能力在于意识到在哪些时刻，公民即使尽力而为，甚至做出牺牲，仍然可能会屈服于即将到来的灾难。在这种情况下，政府的干预决不能被视为家长式的对公民个人利益的阻碍，而应该被视为对公民的必要救助。

[①] 这里谈到了政府的首要关注点，门格尔因此提到亚当·斯密"国家权利的第三大职责"。亚当·斯密："第三，建立和维护某些公共工程和公共机构的责任，永远不可能是为了任何个人或少数人的利益；因为个人或少数人带来的收益是不够的，尽管它往往可能对社会而言是有价值的。"这一点劳有详细阐述，除了亚当·斯密的观点，他还强调商业事务的"指导"（没有被门格尔使用）和"劝诫"从事某些活动（被门格尔使用）。

例如，个别农民或森林所有者无法阻止牛瘟被带入国内，也无法阻止根瘤蚜或树皮甲虫的蔓延。

然而，国家可以很容易地采取措施，通过颁布隔离的法令或禁止从国外进口葡萄藤来控制牛瘟；还可以大规模对抗树皮甲虫，命令砍伐大片受感染的森林，并赔偿所有者损失。个人不可能采取这些措施中的任何一种，因为它们都超过了个人的能力和财产范围，因此只能由政府和国家下令。

在与外国的贸易关系中我们也会遇到类似的情况，政府的支持是不可缺少的。实业家寻求向外国出口产品，这对他个人和国家都有利，因为贸易和商业可以大大提升国民经济水平。但是公民个人带着他的商品不可能进入外国，在巨大的利益面前，他就像一粒沙子一样被淹没在所有人之中。在这种情况下，整体必须为局部的利益行事，几个国家必须和个人一样进行协商，签署商业条约促进个人贸易，从而使国家在最重要的领域之一获得繁荣①。

像刚才提到的这些例子可以让人们非常清楚地意识到，国

---

① 亚当·斯密："一般而言贸易保护一直被认为是为联邦辩护的关键，因此，它是行政权力职责的必要部分。""一些特殊的商业领域，涉及野蛮和未开化的国家，需要特别的保护。"亚当·斯密谈到了"商业条约"。劳关于商业条约的观点显然是这一段话的近似出处。请注意，与亚当·斯密或劳相比，门格尔甚至没有提到进口税。

家可以在某些特殊情况下，在不落入家长式或侵犯个人自由的情况下干预个人经济活动。（门格尔在空白处批注：插入。）

政府的介入应该发生在可以通过积极的支持手段使国民经济——个人发展的基础——得到提升的情况下。这是政府作为国家代表最重要的任务之一；在经济问题上，政府的技巧在于决定正确的时机和最有效的手段。

（在笔记的封底还有一段话，旁边有个表示插入的箭头：到目前为止我们已经讨论了第一组案例，即国家可以在不落入家长式作风的情况下有益地干预公民的经济活动。我们现在将转向另一组案例。）

政治经济学 VII

1876 年 2 月

论政府干预经济的收益和局限（二）

因此为了所有人的利益，政府必须干预经济生活，不仅是为了平衡一些不公平的情况，而且是为了建立推动经济发展的企业，这是个人甚至私营企业由于规模有限无法做到的。

这种干预并不是通过家长式手段限制公民活动，相反，它们为促进公民活动提供了手段。除此之外，它们对于提升整个国家文明程度的宏大目标而言具有重要意义。

通过建设重要的公路、铁路和运河来改善交通和通信就是这类企业的特殊例子，也是国家关心其局部福祉和自身力量的有力证据[1]。同时，它们是构成现代国家繁荣的重要先决

---

[1] 亚当·斯密提到"建造和维护促进任何国家商业的公共工程，如良好的道路、桥梁、可通航的运河、港口"。门格尔省略了桥梁和港口，但增加了铁路。

条件。

建设学校[①]也是政府证明其关注公民经济活动成就的恰当方式。

一个公民一生都在稳定、勤奋、诚实地工作,以建立一个幸福的家庭,并受到真正的爱国主义和公民美德的激励,他最渴望看到自己的子女成长为名副其实的接班人和正直的人,拥有足够的知识来适应当今时代。他每天都在努力工作,没有时间,也没有足够的知识来教育子女,而他的子女比他受过更好的训练,由于文明的发展,他的子女也比他年轻时的生活水平更高,最终可能会进入父辈的行业。

在普通的学校里[②],他会看到他的孩子成为一个受过良好教育的人,任何职业对他的孩子而言都是开放的[③],但他不太可能

---

① 请注意这里只提到了建设学校,而没有提到教师的报酬(在奥地利这是公共支出的大部分),亚当·斯密对此有一些保留。亚当·斯密:"大众教育可以通过在每个教区或地区建立小型学校来实现,学校可以向学生适当收取费用,即使是普通工人也能负担得起学费。老师的报酬一部分,但不是全部由公众来支付。"
② 接下来的4段参考了劳的观点,中间穿插着可能来自亚当·斯密的想法。劳同样区分了基础学习和职业学校的互补功能。
③ 亚当·斯密:"……在一个文明和商业化的社会中,平民教育也许需要更多人的关注,而不仅是小部分有某些地位和财富的人的关注。"他指出政府教育可能是必要的:"以防止大量人民的腐败和堕落。"

回到原来的地方，从事父辈的职业。

因此，对他来说最有帮助的是国家建立农业或职业培训机构，使他摆脱这种沉重却无能为力的担忧。

这些机构除了对个人产生有益影响外，也对社会有很大好处。尽管它为受过教育的一部分人口提供了主要的培训方向之一，但国民经济很难成为实践教学的主题，而其他学科则做出了巨大牺牲[1]。虽然一个民族在很大程度上最关注其经济活动，但这些活动可能已经过时了，就整体繁荣而言，这一文明领域的停滞是前所未有的。

因此，建立这样的学校是国家证明关注其成员幸福感的最佳方式之一，而且不会有过度的家长式作风，这种幸福感对个人和国家同样有益。

当公民的个人能力无法满足某些需求时，国家可以通过实际的补贴来支持国家经济的各个群体。当然，只有涉及对公民有用但超出其个人能力的需求时，这种补贴才是合理的，严格来说，这样的补贴旨在成为有用的公共财产，由整个社会群体拥有。

例如，如果国家想要通过购买优质养殖牲畜来促进农业，

---

[1] 亚当·斯密似乎认为接受现代教育是合适的，因为现代教育有一些要求，并且符合"时代环境"。他对任何经院哲学都表示高度怀疑。

特别是牲畜养殖业发展,而这些牲畜的价格超出了大多数人的支付能力范围[1],那么将这些牲畜变为公共财产可以更好地发挥作用:为所有人服务。

在上面提到的这些例子中,国家应积极干预公民的经济生活。这种干预既不是家长作风,也不是控制和阻碍,而是对整个社区及其成员的最大幸福的维护和支持。

因此,国家必须发挥其良性影响,克服各种障碍,或提供国家可以轻易获得,但只靠个人努力却难以筹集的资源。

除了实际的补贴和扫除阻碍经济繁荣的因素之外,还有一种有用的干预方式,即国家强势干预某些个人的经济活动,以保护社区免受其阴谋诡计的影响。

这种情况不是关心支持那些无法满足个人需求的公民,而是约束对社会有害的个人行为。其效果与前文国家帮助其成员的例子一样有益。但这种情况表现出国家在干预公民经济活动方面的随意性和干涉性。国家采取的相关措施确实会阻碍某些人的行为,但只有当这些行为违反公共利益时,国家才可以这样做。

如果少数人的利己主义和贪婪成为影响多数人利益的障

---

[1] 劳谈到了育种公牛。购买育种公牛显然非常合理。奇怪的是门格尔没有提到劳提出的任何其他公共农业政策措施,甚至没有提到灌溉或排水。

碍，那么国家有必要捍卫所有人的平等权利，并为了社会利益强行干预个人活动，使其利己主义受到法律的制裁。对于国家而言这种情况通常很难下决定，特别是如果个人利益看似在很短的时间内促进了许多人的短期利益，但事实上长期而言会对他们的利益造成伤害。

政府很容易因为干涉公民的经济活动而受到谴责。同样的，由于政府干预必须是最后的手段，一旦误判这一措施的必要性，政府就会受到谴责。

然而，通常这种方式在适当的情况下可以获得最大收益，因为个人为了追求自己的经济利益而损害他人利益所造成的危害是巨大的，而且除了当下的问题之外，往往还会产生长期的负面影响。

例如工厂老板有可能为了追求自身利益而作恶，因此政府必须保护他们的工人不被过度虐待和伤害[1]。

体力劳动者生活艰难、人数众多，是社会的支柱之一。避免他们遭受过多痛苦，或为了小部分人的利益而被牺牲，这是国家的主要关注点之一。政策必须始终努力维护文明的进步，

---

[1] 在《国富论》中，关于君主的职责部分，亚当·斯密没有谈到雇主对工人的虐待，也没有考虑采取预防性立法，但他抨击了"主人"降低工资的企图。

因此国家既不能通过自己的手段阻碍文明发展,也不能容忍一些人的自私行为妨碍发展。这些行为往往可能危及现在和未来几代人的幸福[①]。

正如上文所述,在工厂中尤其会遇到这个问题。在这里,工厂老板可以通过温和、友善和良好的待遇进一步促进许多人的智力和情感发展,从而使他们成为良好公民。[②]而通过粗暴对待和过度工作,他可以使那些本来就处于低水平的工人完全堕落,成为底层人口。因此,富人的虐待导致无产主义者和共产主义者诞生,而这些富人现在正因为他们而忧心忡忡。

工厂老板甚至可能对工人阶级的身体发展产生决定性的影响[③]。因此,国家必须密切关注工厂生活,以防止工人因过度劳动而身体退化。因此,即使工人由于需要或高薪诱惑而愿意接受这种灾难性的待遇,工厂老板也不被允许让工人的工作时间

---

① 这一段包含了劳关于"工业政策"的观点。劳认为,制造业的各部门在很大程度上是和睦相处的。换句话说,与农业的各个分支不同,它们彼此之间的外部影响很小。这使得贸易自由成为工业政策的一般原则。
② 劳考虑了大量"容易被激怒的工人"可能以什么方式危及公共安全。他强调了工厂主对工人进行道德教育的重要性。通过粗暴地对待他们和过度工作,工厂主可以使那些一直处于很低水平的工人们彻底退化——成为人口中的渣滓。
③ 劳提到了对工厂工人"健康和道德"的影响,用丰富的脚注总结了来自英国、法国、比利时等国的大量报告。

超过最大限制时长（页面空白处写着：15小时）。例如，政府禁止在工厂中实行每天15个小时的工作时长，① 因为如果工人每天花费这么多时间艰苦工作，那么他的体力和健康状况就会受到影响，因而他会变得迟钝，并且沉沦到像机器一样的状态中。（页面空白处写着：儿童和未成年人！）

工厂生活中更加灾难性的特征是雇佣儿童，这会损害整整一代工人的身体和智力发展，因为在幼年时期进行艰苦的工作会永久地破坏一个人的健康，并阻碍其成长。此外，由于无法正常上学，除了缺乏正式教育之外，与大多数比较堕落的年长工人持续交往也会导致这些儿童完全腐化②。

在这种情况下，国家的任务是代表整个社会的利益，通过强有力的干预来维护这个重要而广泛群体的利益。

虽然对于整体发展和繁荣而言，拥有许多富有的工厂主是至关重要的，但当这些工厂主的经济活动会危害到整个群体的

---

① 这里对劳的观点进行展开，劳认为儿童工作的收入对于非常贫困的家庭而言是值得欢迎的额外收入。脚注中讨论的工作时间仅适用于儿童和青少年，但最高小时数为12小时而不是15小时。亚当·斯密谈到"工人"时说："相互效仿和追求更大利益的欲望经常促使他们自己过度工作，并因过度劳动而损害健康。"

② 这部分概括了劳的观点，其中考虑了雇佣童工对儿童健康的影响，并详细讨论了上学的重要性，还详细讨论了义务教育的重要性。

利益时，国家仍然有义务在这些情况下进行干预，而不是让这些工厂主获得额外的利润。这符合国家更大的总体利益，并可以保护整个群体的关键利益免受损害，因为工业的存在也是建立在这个群体之上的。

在这种情况下，国家为了正义和人道主义的利益牺牲了部分公民的财富，这无疑是一种长远的利益，也就是说对于国家经济而言，会从这种牺牲中得到巨大和长久的好处。

由于个人的短期利益，个体的自私行为经常会导致对许多人（包括所有者）造成永久性的伤害，尽管这并不超出财产使用的限制①。在这种情况下，国家应当通过说服或命令来防止此类伤害，这是对个人经济行动的严重干预。但是，在个人的自私行为威胁到社会利益时，有正当理由采取必要的社会防御措施。（空白处写着：清理林地。）

在林业中我们很容易遇到这种问题。

---

① 这里门格尔转向探讨了劳对森林保护政策的观点。劳非常关注财产权：虽然林地所有者的受托人或管理者（当地社区、基金会和教会财产）应受到政府的密切监督以防止渎职行为，但应尽量少地对个人林地所有者的经济活动进行监管。当然，出于"至高利益"和为了防范损害公众的行动，一些干预是必要的。

经常会有暂时缺乏资金的林地所有者[1]想要清理林地，但这很容易造成无法挽回的损害，因为降雨将导致洪水并冲走落叶层[2]，滥伐林木的现象还将导致各种损害，例如春季的洪水，夏季的干旱和对平原农业其他种类的损害[3]，这种情况还会随时间的推移而恶化。南蒂罗尔、伊斯特拉和达尔马提亚的土壤侵蚀事例都是个人的盲目贪婪和前政府的疏忽带来的悲惨教训。

保护森林是国家的重要职责之一，其重要性使得政府干预个体经济活动的行为得到合理的解释[4]。

国家只能在如上述例子的情况下干预公民的经济活动。

否则，国家的首要原则应该是：对公民的活动给予完全自

---

[1] 劳在其著作中指出，"短期收益"是破坏森林的原因之一。他补充说，这种破坏也可能是由于所有者的懒惰和无知所致。如果鲁道夫的记录是完整的，那么门格尔显然省略了所有者知识不足这一论点。请注意，门格尔提出的高时间偏好（隐含着高度不完善的资本市场中的不平衡）与经济代理人对其财产的管理不注意是完全不同的。前者只意味着防止一种外部病态（森林砍伐的影响）因另一种（资本市场的不完善）而产生。
[2] 劳认为，山区的砍伐可能会导致土壤侵蚀，这也是需要干预的一个重要原因。门格尔所提到的奥地利南部干旱地区（南蒂罗尔、伊斯特拉、达尔马提亚）的土壤侵蚀危险尤其突出。劳使用了一个不寻常的德语词来描述洪水。鲁道夫使用了相同的术语，一方面表明门格尔原封不动地照搬了劳的说法，另一方面再次表明鲁道夫能够准确记录门格尔的话。
[3] 劳还指出，由于山区的砍伐，平原的土壤侵蚀会因洪水泛滥而加剧。
[4] 这是劳的作品中关于森林政策章节的主要内容。

由，当个体能力不足时提供支持，当个体可能为了追求个人利益危害社会时进行预防性保护。（门格尔在空白处批注：为了满足需求或为了避免风险。）

遵循这个原则将会促进国家和其成员之间的和谐自然关系。当公民认识到国家正在由智慧而开明的人领导时，他们就会形成出真正的公民美德，勤劳、诚实、不断提升自身教育水平。[1]国家在危险和困难的情况下提供帮助，从而保护公民的利益。在景气的时候，一个真正的公民国家将会成为一个自由活动的场所，其成员将会把国家视为一个有机体，而这个有机体将把所有成员视为构成整个社会的元素。

这种情况源于全面的相互信任，国家永远不会通过家长主义和控制手段或困难时期的疏忽破坏这种信任。

（空白处写着：结尾。）国家将代表其成员捍卫他们的利益。反过来，公民愿意为国家的力量和共同利益做出任何牺牲。

这种关系是每个国家都必须努力追求的理想。其中重要的前提是国家在个体活动上使用正确的影响力：通常是让公民在其经济活动中自由行使自己的意愿，并极少直接干预。

---

[1] 劳指出，工人的节俭和灵巧是由于法律保障和法定自由，他在此引用了自己的著作，在这里，"节俭和灵巧"是"教育"或"启蒙"（或"社交"，德语词"gesellige Bildung"有点含糊不清）的结果，而不是原因。

政治经济学 VIII

1876 年 2—3 月

论奥匈帝国纸币的现状及改革路径①②

在奥匈帝国,纸币有两种形式:银行券和国库券。③

在正式开始之前,首先我们必须指出,在过去的 26 年里

---

① 在鲁道夫的原笔记Ⅷ和原笔记Ⅸ中有大量的修改和删除痕迹。这两份笔记还有一套比较整洁的副本,并且页码单独编号。副本既不是鲁道夫的笔迹,也不是门格尔的笔迹,而是其他人写的,对应原笔记中编号为 16 和 17 的笔记。这里使用了这份副本。

② 这一章是唯一完全没有建立在亚当·斯密基础上的,亚当·斯密百分百支持纸币。他说道:"用纸张取代金子或银子,就好像用一种便宜很多且同样方便的工具取代一种非常昂贵的商业工具。"但他只谈了自愿接受私人银行的纸币,而不是由政府发行的。由于本章涉及专门针对奥地利的问题,并不能直接参考通用的德语教科书。之所以会有许多修正的原因可能是由于这一章门格尔讲的完全是他自己的内容,必须保持警惕。

③ 这一段在一定程度上可能参考了劳对纸币的深入讨论。将纸币分为银行发行和国家发行也与劳的观点类似。

由于许多重大战争、危机和各种剧烈变化的影响，我们已经从过时的，几乎是中世纪形式的国家变成了一个真正意义上的现代国家，这些不稳定的局面使货币处于一种不可用、不健康的状态，一部分是政府的过错，一部分则是危急形势的结果。

我们现在正走向复苏，外部的和平和内部的和谐将很快使我们的货币制度恢复正常。

如果采取某些有益的措施将更好地推动货币制度恢复，接下来我们将把注意力转向这些措施。

正如上面提到的，我们有两种类型的纸币。让我们先看看银行券的不足之处。通常银行券的最重要特征是可兑换成贵金属。实际上，银行券只不过是给银行的一张付款凭证，要求银行根据凭证向持有人支付规定额度的贵金属。银行券的价值在于其可以兑换成贵金属的确定性，这使得它对商业交易非常重要。①

很可惜我们的银行券并没有类似的重要特征。

我们的银行券不能兑换成白银。我们白费力气地走进银行，试图把银行券兑换成白银，但是银行无法给我们白银，尽管每个银行券持有人都有权要求银行支付指定的额度，这一点

---

① 劳只讨论了纸币的可兑换性。大概是由于这个原因，下面的段落强调了奥地利的情况并非如此。

应该受到银行保护。因此，从这个主要方面而言，我们的纸币并没有承担其应有的功能，而是变成了完全不同的东西。银行发行的只是简单的一张纸，由于不能兑换成白银，它们自成一派，变成了一种特殊的货币。

很显然，人们不会接受由银行发行的却缺少最基本特征和作用的银行券。如果银行券要被人们接受，必须由政府强制执行，即必须接受银行券并作为货币使用，虽然它们不能兑换成白银。

强制要求公民接受他们不愿意接受的银行券，这当然是一种相当任性的，甚至强迫性的行为。

基于上述两个缺陷，我们还可以发现另一个纸币固有的缺陷。

因为银行券不能兑换成贵金属，而只能通过法令维持流通，所以它们相对于贵金属而言失去了价值。虽然仍然可以标注出具体的面额，比如100个弗罗林（奥地利货币单位），但它们的价值与100个弗罗林的银币相差甚远，因此其所有者会遭受损失。这种价值上的糟糕差异是银行券的"折价"。

所有这些混乱的问题在我们的银行券上都很明显，因此它们根本没有实现其作用。

然而如果银行券制度是健全的，这种纸币可以非常有用，并且随着局势好转最终会实现它的作用。而只有在这种情况下，我们的国家银行才会像那些拥有健全货币制度国家的银行那样长期履行自己的职能。

我们在奥地利银行券中观察到的缺陷在奥地利的国库券中同样明显。健全的国库券不需要依靠法令来确定其价值。它们像贵金属一样被人们自愿接受，因此不会出现"折价"。相反，我们奥地利的国库券是由政府超额发行的，为了让它们被公民接受并得以流通，必须采取强制手段。因此，它们的价值低于银币，也就是说存在"折价"。

因此我们认识到，我们的银行券和国库券同样存在缺陷。现在让我们看看这种状况对公共利益的影响。

货币是个人和国家用来满足其需求的手段。个人和国家都在努力获取货币。

对于两者而言，有序可靠的货币制度是经济繁荣和安全发展的先决条件。另一方面，不安全、不可靠的货币制度会妨碍个人公民，使他们无法进行可靠的换算，并让他们担心自己最重要的利益。而混乱的货币制度对国家和个人一样有害，因为它使得国家完全没有办法对自己的实质性预算进行可靠的计算。为了一时的轻松，国家会在诱惑下采取一些措施，最终却导致陷入更大的困境。

只有最大限度的自我克制和面对诱惑的坚定不移才能帮助政府摆脱错综复杂的财务困境。

不仅要考虑到不健全货币造成的物质损失，还必须考虑到政府所蒙受的道德耻辱，因为国家始终要对这种混乱负责。在危急时刻，当国家之船遭受颠簸，政府往往会陷入过分的软弱，采取可以解燃眉之急却会导致长期问题的措施。

如果这类错误接连不断，自然会导致政府面临越来越大的困境，其在国外的声誉和国内公民对其的信心将会减弱。公民们会认为政府比实际上要弱小得多、不安全得多。鉴于个人对货币紊乱的情况高度关注，并且这会影响到公民的切身利益，不满将随之而来。在很大程度上，作为所有经济发展的支柱和动力，贸易和商业需要建立在一个既成的有序货币体系之上。

汇率波动和所有计算的不确定性将动摇国家的繁荣根基，在国内外的活动中，整个国家和每个公民都将处处遭遇不信任和阻碍。

个人和国家的收入来源总是会遭受损失，他们收到的款项将以贬值的纸币进行支付，其价值会发生波动。因此实际收入比预期要少得多。在这种情况下，已经处于财政困境的国家将发现急需的收入的实际价值正在缩水，所以情况会变得越来越糟。

以上我们可以很清楚地看到过去犯下的错误带来的诅咒以及它们如何持续产生影响。这种糟糕的情况破坏了国家在国外的声誉,使得在外国进行的商业交易变得更加困难。

所有外国银行和商业企业都会因为害怕遭受损失而不敢把钱借给需要资金的国家政府。

国外将完全不接受以奥地利货币和奥地利汇票支付的款项①,或是要收取相当高的附加费用;随着货币声誉的下降,国家的声誉也下降。因此,我们有理由认为不确定、混乱的货币制度是国家的重大弊病,因为它对所有经济生活及其发展产生了深刻的影响。

因此,我们必须尽可能努力建设一个健康的货币体系,为了成功地实现这一目标,首先我们必须找出纸币不健康的原因。

先来讨论我们的国库券的糟糕现状及其原因。

国库券是政府发行的纸币,由于公民有权用它支付税款,所以才获得了货币的地位。

这些国库券本身在少量流通时是无害的,同时通过提供所需的资金,它们在政府面临短期财政困难时非常有用。

---

① 这种说法有些夸张。劳曾写道:"1855 年 1 月维也纳纸币兑白银的价格为 127∶100。"

然而过度发行国库券则会对公共利益有害，政府不得不通过法令规定其汇率，这在当时看来可能相当有利，但对持有人来说却是一种蛮不讲理的行为。最终国库券发生贬值。这种方式导致所有纸币的持有人都会遭受损失；他们认为自己拥有国库券上标明的面额的白银，但实际对应的却是比这个数目少得多的白银。

不仅是个人遭受了损失，国家也遭受了损失，甚至国家可能遭受了更多损失，因为上述情况表明了一定的不安全性，并且明显地反映了政府的弱点和短视。政府一直试图通过损害社会利益来帮助自己，因而使经济陷入更大的困境。

因此，我们必须将过量发行国库券作为其贬值的主要原因。在困难时期，政府经常感到不得不采取这种措施，但可悲的是一旦采取这种措施，货币情况就再也不会恢复到政府可以轻易纠正这种损害的程度。

在任何一个有良好有序货币体系的国家，流通的国库券数量必须是固定的，政府应该决定绝对不发行超过这个数量的纸币。国库券的价值仅源于它们可以被用于支付税款这一事实。为了实现这个目的只需要很少量的纸币就足够了，超出这个需求量发行必然会产生有害后果，因为它们会发生贬值，然后就不得不通过法令规定汇率。1亿弗罗林的国库券差不多就足够奥地利和匈牙利使用，并且不会产生负面影响。然而，我们已经远远超过了这个数量，目前流通的国库券约有 3.5 亿弗罗林。

为了消除国库券的折价以及法令规定的交换条件，国家将不得不下决心从流通环节撤出约 2.5 亿弗罗林并进行销毁。这是巨大的牺牲，但会带来很好的效果。

为了逐步实现国库券的减少——方法是从流通环节撤出作为公共收入流入的纸币——国家将会发现自己处于稳定和有利的财政状况。

（之后的内容见下一篇笔记。）

政治经济学 IX

1876年3月

（接上篇笔记内容。）

国家可以进行重大财政分配。如果局势不如意，国家货币出现不健康的状况，就像我们目前所面临的情况一样，那么政府就必须借贷一笔等同于要撤回的国库券价值的钱。

当然，这笔贷款不能被国家银行用于任何用途，否则银行不仅无法获益，还将再次遭受重创。

如果国家采取这些措施，并通过向各大商人借款，或直接通过国库券向民众借款，使过剩的纸币退出流通环节，则可以消除国库券的贬值和法令要求的兑换条款，那么我们就找到了一种方法可以让国家银行重新恢复正常，帮助其获得那些欧洲主要国家的银行所具备的条件。

有一个严重但非常普遍的错误是认为强制兑换条款和银行券的折价是由于国家银行本身的状况造成的。事实上银行不仅不对当前的状况负责，而且它运作良好。

举例而言，在19世纪50年代和60年代，银行券的糟糕状况是由国家从国家银行借入的巨额资金导致的。这使得银行无法将纸币兑换为货币。为了不使银行彻底破产，国家不得不强制公民使用这些纸币。

这种做法非常有破坏性：它对国家银行造成了巨大损失，对票据持有人是一种不负责任的恶意行为，并且在货币制度上形成了长期的负担。因此，现在不再使用这种方法。

确实，银行在最近一次续期"经营权"的时候，向国家提供了一笔8000万弗罗林的免息贷款；但是，这笔贷款并没有多到危及银行的健康。

因此，我们现在面临的银行券的糟糕状况不能归咎于这笔贷款，这种状况不是银行导致的，银行的贵金属储备也用在了刀刃上，即等待更好的时机兑换纸币。

此外，银行券的数量也没有过剩，它们在国内流通的数量比较适当。总之，银行处于良好的状态，如果不是政府干预导致大量国库券涌入国内，银行原本随时可以将其票据兑换成货币。而政府的这种行为一部分是由于前面提到的弱小和短视，一部分则是由于情况危急。

在这种情况下，国家银行为了自身和整体经济的利益，开始无法将银行券兑换成货币。过不了多久，这些银行券将会从流通环节中消失：票据持有人都会将其兑换成白银以获取对应的价值，但是所有的债务将会用贬值的国家券偿还。换句话说，所有的货币交易很快就只能用贬值的国家券来结算了。

这样看来，银行券的问题不在于它本身，而在于国库券，能否让奥匈帝国的纸币再次回到可接受的状态完全取决于政府。

只要有决心、能牺牲，就可以建立起有序、健康的货币体系，并为国家带来无尽的好处。

大量国库券，大约 2.5 亿弗罗林，必须被撤出和销毁。一方面，剩下的大约 1 亿弗罗林也会因此不再折价，成为健康的纸币，可以用于支付税收等款项。另一方面，银行券将可以兑换成货币，银行最终将摆脱混乱的现状，履行其应有的职责。

当这种情况发生时，我们将拥有与其他国家相同的纸币。但是在达到这种令人满意的局面之后，国家应该谨记长期、糟糕的货币状况，非常小心地避免重蹈覆辙。例如，应该决定永远不向国家银行贷款，无论情况多么危急，诱惑多么大，政府在面对紧急情况时的自我控制和远见会带来良好的结果，政府也不应该再次通过印刷过多的国库券随时变现。

在任何情况下，国家都必须坚持不发行超过大约 1 亿弗罗林国库券的原则。

如果政府不惜一切代价遵守上述原则，很快就会意识到大有好处。

有健全的货币制度是国家有力量的重要前提。一方面，它对国内的和平、国民的满意度和信心以及国家在国外的声望、鉴定立场和信誉做出了重大贡献；另一方面，严重崩溃的货币制度是各种不幸变成灾难的主要原因，同时也是一次又一次问题的导火索。

在奥地利，我们在很大程度上经历了这样的悲惨时期，政府是时候努力结束这种糟糕局面了，现在这种局面在某种程度上已经得到了纠正。既然知道这一点如此重要，在必要时为了恢复健康的货币制度，政府不应该回避一定的牺牲。

政治经济学 X

1876 年 3 月

论国家向政府官员及公务员支付工资的原则（工资理论）

对各种不同职业的活动和表现所付出的工资实际上是劳动成果的购买价格，这并不是由雇主和雇员的判断或偏好决定的，而是由一些原则和规则决定的。这些原则和规则超越了任何单一职业、民族和国家的界限，或多或少地适用于整个人类社会。

在各种能力和精力与有形商品不断交换的过程中，在所完成工作和所得工资之间产生了差异[1]。

---

[1] 门格尔跳过了对工资一般水平的分析，只是说工资的确定并不是随意的，而是有"工资法则"，被解释为工资差异理论。因此，他跳过了《国富论》中的相关内容。门格尔直接提供了"劳动和资本在不同就业领域中的工资和利润"的简要版本。再次强调了亚当·斯密的观点，强调了工资差异的供给角度原因，这与门格尔自己的边际生产理论相差甚远，后者强调对最终消费者的贡献和需求角度原因。门格尔本人的主要的德国资料来源与劳相悖，后者在价格理论框架下深入讨论了影响工资总水平的力量，但与亚当·斯密不同的是，他没有提到工资差异。

无数的因素使如何公正分配各种工作的工资成为难题。

考虑到实际情况,人们已经想出了一些主要分类方式决定工资的高低,它们共同构成了工资法则。

最重要的是,国家必须根据这些原则来确定公务员的工资。作为所有公民的代表,国家必须确保工资是公正的,并在所有为公共利益工作的职位上根据个人表现按比例分配。

国家必须关注在所有经济活动中对其公民公正分配工资。因此,它的首要责任是确保那些致力于使经济繁荣、为了公共利益向国家提供服务的人,根据他们受过的训练[①]和进行的活动[②]获得相应的工资报酬,得到公正回报。最重要的是,一个

---

① 这是亚当·斯密列举的引起工资差异的"主要因素"中的第二个原因,这是他阐述最详尽的原因,也是门格尔最关注的原因,因为他希望向王储解释公务员阶层报酬的原则,而他自己就属于这个阶层。亚当·斯密说的第二个原因是培训成本高昂。亚当·斯密提道:"其次,劳动力的工资随着学习培训的难易程度和廉价程度,或学习业务的困难程度和费用而变化。"他指出:"精巧艺术和自由职业的教育培训更加冗长和昂贵。因此,对律师和医生的报酬应该更加慷慨。"事实也是如此。当时奥地利的公务员主要是律师(和医生)。再次注意,这与"边际革命"的主要推动力之一相悖,而其中一位领袖就是门格尔。边际主义者强调,虽然所有的律师和医生都要承担大致相等的教育成本,但他们的收入根据需求者对其服务的不同估价而有所不同。

② 这可能是亚当·斯密列举的引起工资差异的第四个原因:"……必须对工人寄予的信任的程度",这里指的是公务员在职位等级或责任水平上的位置。

明智的政府必须确保有才华的人,即那些特意利用自己的智力为公共利益服务的人能够自由地进入高等职位。① 与处于类似岗位的私人不同,国家不能给表现更好的人支付更高的工资,但它可以为优秀的公务员提供充满前景的职业生涯,而让平庸的人在有限的范围内活动。

总的来说,几个原则支配着工资制度,它们共同构成了工资理论②。对于那些根本不需要培训的最简单的劳动,将被支付刚好足以提供工人家庭生计的报酬。③ 更为先进以及高技能型的劳动需要提前培训,因此将获得更高的报酬,比例取决于培训的成本。④ 此外,工作的愉快或不愉快会影响工资⑤,最后是

---

① 这反映了亚当·斯密的一个重要关注点。参见:"欧洲政策引起的不平等",他在其中抨击"某些就业岗位的竞争"(在奥地利的情况下,这意味着高级公务员职位不应该保留给贵族成员——这是已知的门格尔和鲁道夫的关注点)。
② 按门格尔所说,这是工资差异理论。
③ 这是亚当·斯密的关键观点之一,"劳动力工资"。例如:"人必须靠自己的工作生活,他的工资至少必须足以维持他的生活。"
④ 对上文第二个因素的重复强调。
⑤ 亚当·斯密所说的第一个因素,同上:"首先,劳动力的工资会受到工作的难易程度、整洁程度、是否受人尊重等因素的影响。"

进入某个行业所需的培训或技能。①

最重要的原则是前面提到的所谓的"工资铁律"。②它体现了决定工资的主要原则，关乎最广大、最广泛的劳动人口的生存。

在支付工资时，国家必须首先遵守公平和公正原则，因为除了极端的不道德和暗藏的肆意妄为之外，不公正的工资制度还会破坏国家最坚实的基础，即其成员对政府的尊重。

在公务员的报酬方面，国家很难做到公正和无私。工资很容易设得太低，尽管有其他激励措施，但如果对重要和负责任的工作提供的经济回报不足，则公务员可能会辞职，或者愿意成为公务员的人可能会减少。③但国家同样容易犯错误，表现出不恰当的慷慨。它可能希望通过牺牲公共利益来给公务员支付工资，这会损害人民的利益，而这些公务员本应为了人民的

---

① 同样是强调培训成本。门格尔可能跳过了亚当·斯密的第三个原因，即工资随着就业的稳定或不稳定而变化。而鲁道夫从未接触到失业问题，这正是19世纪70年代经济大萧条的最低谷。门格尔可能提到了亚当·斯密说的第五个因素，"工资根据不同就业机会的成功或失败的概率或可能性而变化……，而这种概率取决于人才"。（在门格尔修正之前，鲁道夫在这里只提到"工作执行方式"将影响工资。）
② 特别奇怪的是，门格尔用费迪南德·拉萨尔（Ferdinand Lassalle）引人注目的德语措辞来呈现古典理论的精髓之一，即工资的生存理论。
③ 作为民主经济学原理的最接近法律供求关系的陈述。

幸福安康而工作。当然，国家不应忽视其雇员的工作，应当清楚地了解他们的努力[1]和牺牲，但仁慈不应使其忽视节俭。总之，国家既不应该支付公务员和其他雇员过多的报酬，也不应该支付过少，而应根据工资的一般规律支付。

任何领域的公共服务都是社会一些成员的义务；它是一种荣誉和奖赏[2]，因为知道在为自己的国家服务时也在为许多人的利益服务，并且将自己的精力投入到公共福利中是高尚和美好的，因此，有这种想法的人在社会地位上与为自己私人利益工作的人有所不同。

在阐述了公共服务人员工资的最普遍原则之后，现在我（门格尔）将继续介绍与各类别行政人员有关的特定原则。

政府中也有从事低等级工作的员工：以很低的付出和成本接受培训，甚至根本没有任何付出和成本，例如招待员、车夫、门房等。在支付他们的报酬时，国家必须严格遵守工资理论，即未经过培训的和普通的劳工应该获得恰好可以让他们自己和某家人维持生计所需的报酬（所谓的最低生存必需水平）。这个

---

[1] 根据付出支付工资（亚当·斯密说的第一种因素）仍然是古典而不是边际经济学的想法，至少在不考虑"效率工资"，即随工资变化的努力的情况下，这不是门格尔本人提出的。

[2] 亚当·斯密："荣誉是所有值得尊敬的职业的重要奖励。就金钱利益而言，考虑到所有因素，它们通常是未被充分补偿的。"

原则很严格，但工资制度中必须有一定的模式，如果完全没有经过培训的员工得到远远超出最低生存必需水平的工资，那么支付的工资很快就会超过个人和国家的财产和能力。因此，对于一个没有经过培训和教育，从事任何人都可以在短时间内学会的工作的人，必须只能支付他所需的生存费用。①

还有一点必须提到，公务员的工作地点也是影响工资的因素之一，一个在省内小城镇的公务员将比在同样职位上在维也纳工作的公务员获得更少的工资，然而他将与后者至少同样舒适地生活，甚至可能比后者更舒适，因为在大城市中，即使是最节俭的生活方式也非常昂贵。

出于公正和公平的原因，国家有义务关注这种差异并将其考虑在内。

对于高级别、高素质的公务员，对国家而言要公正、恰当地确定他们的工资会更加复杂和困难。这种情况下主要根据培训和以往的学习情况来决定，在培训和学习上花费更多的人将得到更高的工资。② 这被视为最高原则，因为这种计算方法是

---

① 这与通常普遍接受的奥地利仁慈和家长式君主的观念不同，通常认为君主应该给公务员支付更多的工资，因为这是对君主尊严和对公务员个人服务的尊重。

② 再次，亚当·斯密提到的第二种因素，来源同上。

公正的，并可以激励年轻人进行深造学习。因为如果努力学习却会失去一切成功的机会，人们学习的热情将日益减少，政府将缺乏受过良好训练、有能力的高层次公务员，有才能和资格的人难以拥有良好的职业生涯，利益团体将取而代之，有害于公共利益。

政府服务中所需的各种课程和培训是差异最大的。

经过多年的学习，那些花了大量时间和金钱接受教育、拥有丰富知识的人有很大机会可以晋升到政府服务的最高职位。有些职位需要更长时间的培训，而其他职位则需要时间较短的培训。例如，初级职员需要接受4年文法学校的教育，而高级职员则需要8年文法学校的教育。对于法律职员和所有高于这些职位的职员则需要大学的专业培训，因为他们可能晋升到非学术背景人员在任何情况下都无法达到的高位。在教育领域的职位上情况也是如此。小学教师的职位可以很容易地由专门的预备课程或只有四年文法或中学教育背景的人填补，而中学则只聘用毕业于文法学校并完成大学学习的人，但他们不必在任何特定领域取得博士学位。然而，对于大学教授的职位，博士学位和特定学科的额外专业培训是必需的。因此，总体上，国家为法律职员支付的报酬要高于高级和初级职员，为大学教师支付的报酬要高于中学教师，为中学教师支付的报酬要高于小学教师。医生的报酬也是按照同样的方式计算。一个助理医生受到的培训要少得多，可能没有接受过艰难昂贵的课程，他的报酬将比一位必须持有医学院博士学位，并通过昂贵的额外学习了解其学科发展的主治医生少得多。

然而，国家有责任考虑到其雇员的各种其他因素来支付报酬。对于某些职位而言，除了与其培训成正比的工资之外，必须支付额外的报酬。

实际上，这些额外的报酬不是给公务员私人使用的，而是为了完成某些政府职能，并在某些情况下特别展示国家的显赫和权力。

举几个例子：高级外交官、外交部部长、总理和省长等。

这些都是文职人员中最高级别的官员。由于他们在社交生活中代表政府，因此他们的级别需要一定的夸大。

因此，国家必须提供他们一定的金钱：用于维护马车以及举办晚宴、晚宴后的聚会、舞会等。在一些情况下，即使这种更高的报酬也是不够的，因此主要是有实质性私人财富的人才倾向于被选中担任职位。当然，如果政府能够支付这些人足够的报酬，就始终能够选择最合适职位的人，这将是最有利的。骑兵军官也是如此，政府必须为其提供马匹和维护的费用。对于骑兵来说，马匹不是奢侈品，而是他最重要的附属品、他的武器，没有马匹他就失去了他的全部意义。

与公务员报酬相关的问题也包括国家是否提供实物支付，主要是是否提供住房。无论是贫穷的公务员还是最高级别的公务员，这都是巨大的利益。对于那些国家无法提供实物住房的公务员，国家必须支付一定的住房费用，使他们足以获得与职位相称的住房。

除了军队外，几乎所有成员都居住在国有建筑中，许多公务员，如省长、地区长官、部长、大使等也居住在国有住房中。在这些情况下，国家可以将金钱报酬控制在略低于同级别没有享受房屋补贴的其他文职人员上。

国家在支付雇员报酬时，就像私人老板一样，必须特别关注各种工作的吸引力程度以及应该存在的区别。

如果公共服务具有吸引力，则可以适当降低工资。与之相对的，不吸引人的公共服务将对应更高的工资，因为这是使人们做所需工作的有效方式。

例如，国家能够以更低的工资雇佣国有森林的森林管理员和猎场看守员，而只有更高的薪资才能使人们成为法院礼宾员或监狱看守。

国家将更容易招募地区州长的候选人，尽管地位低下，但在其地区是相当独立的，并具有很大的权利。而在部委中担任高职位的人则难招得多，除了缺乏独立性和职位多样性外，该职位上的人总是受到上级的控制，完全失去了自己的个性。

职务所带来的荣誉是所有公共服务的重要因素，特别是在确定工资方面。在大多数情况下，这是吸引许多有才华的年轻人进入公务员系统的有效方法，尽管薪资较低，荣誉本身就是一种奖励，只有政府才能授予，只有那些服务于公共利益的人才能获得。

除了其道德义务外，国家在物质上也有动力维护其公务员的荣誉和声望。因为如果失去这些，国家将不得不花费大量资金来吸引一流人才，即使如此也找不到像受到荣誉激励而尽力工作的公共服务人员那样的人才。

维护军队和公务员的崇高声望以及特别社会地位是国家的最高利益。这将促使许多受过教育的体面人士从事这些职业，国家将在支出较少的情况下拥有更好、更诚实的公务员。因此，国家必须坚决拒绝任何攻击军队和官僚等级制度的行为，不允许任何可能降低或贬低这些职业声誉的事。如果有人试图这样做，国家应视其为公共利益和政府的敌人。

国家还有一个重要的关注点是找到具有杰出才能的人，特别是那些需要具有很高才能和良好教育的人的职位。然而为了招募这样的人才，国家必须为他们提供快速晋升的机会，[1]因为如果给同级别中有才华的公务员更高的报酬，这本身对于私人老板而言并不是坏事，但会被指责为不公平。

---

[1] 亚当·斯密提到的"成功或不成功的可能性"。

政治经济学 XI

1876年3月

因此，有才华的人必须有更大、更快的职业发展前景，而没有才华的人将继续留在他有限的活动领域内。

通过这种方式，许多有天赋的人被吸引到公务员队伍中，因为他们意识到自己的抱负将会得到实现，而他们未来的物质福利将取决于他们自己。

国家的赞助行为会给自己带来最大的损害，因为这种行为会将不道德的肆意妄为和不公正引入公务员的薪酬体系中，破坏人们对政府的信心，导致优秀的人离开公共服务岗位，糟糕的人来接管。政府本应超脱于共同的情感和政党的喧嚣，但这样做实际上几乎到了阴谋的程度。

有一些职位急需具备非常诚实和正直的人，因为低层次的人经常容易受到诱惑，政府必须找到绝对值得信赖的人来担任这些职务，因此必须为这些职务的可靠性支付额外的薪酬。①

例如，对于处理金钱的公务员，如出纳员和国有财产管理员，对于了解重大国家机密的公务员，甚至是部长，特别是财政部部长，他们的职位使得他们比普通公民更早了解到信息，如果他们巧妙地利用这些信息，可以带来丰厚的经济利益。

当然，这种行为对国家有害，因为它接近欺诈。普通公众对于滥用高职位获取个人利益的行为感到强烈愤怒，很容易草率地将怀疑扩大到整个政府，而不是仅涉及个别人员。

对于大多数没有物质基础的人来说，如何度过晚年是一个重大问题，引起了很多担忧。每个一家之主也非常关心如果自己早早离世，他的妻子和孩子将如何得到照顾。

私营雇主通常会比政府支付更高的工资，只要继续工作，私营企业员工可以过上更加舒适的生活。但是一旦年老和失去工作能力，无论工人有多么优秀，都会被解雇并失去生计。与之相对的，政府向其公务员支付适当的养老金。

这是国家吸引一些人入职的有效方法，也是国家可以为许多职位支付相对较低工资的方法。为寡妇和孤儿提供的国家抚恤金具有同样的效果，它们像强大的磁铁一样吸引着许多人进

---

① 亚当·斯密提到的"薪酬变化根据对寄托在工人身上的信任程度"，这里比之前解释得更清楚了。

入公共服务领域，因为大多数人更重视保证其老年生活和家庭生计安全，而不是私营企业暂时支付的更高的工资或薪金。

另一方面，如果这些福利被随意授予不值得拥有的年轻公务员，并且没有充分的理由偏向其中一些人，而不是年长且可能更有价值的人，则政府的声誉将会下降，许多优秀的人将离开公共服务，更糟糕的人将被吸引进来。

对一些公职人员的无端偏爱和对其他人完全不公正的解雇会导致不满情绪增加，当正义和平等没有被严格执行时，积极生产的精神消失了，阴谋取而代之。许多重要职位将日益难以找到适合的有能力的人，国家不得不提高工资，而这将明显减少其资源。

因此，国家必须培养和增强国民的爱国主义、自尊心和正确意识，让他们认识到为公共利益工作是很有价值的。这种方式可以让年轻人在成年后准备将他们的精力投入国家建设中。但为了拥有优秀的公务员，政府必须提供与公共服务相匹配的荣誉和奖励，并为其公务员提供良好的社会地位，从而增强公务员的自尊心和提高他们的威望。通过养老金和上述规定，国家必须承担公务员维持生计的支出直到他们去世，并为他们的家庭提供保障。

通过这种方式，国家只需花费适度的公共资源，就会拥有一批受人尊重且有能力的军事和公务人员，他们以自尊心和爱国主义为支撑，将毕生精力奉献给公共事业。

（空白处写着：1876年3月18日开始）

国库贷款的利率由什么决定（关于利息理论）[①]

政府大规模借款的利率的原则类似于小额个人贷款的原则。

就像其他方面一样，政府和个人的许多有利或不利情况都反映在贷款的利率上。因此，利率反映了所有最私人的经济影响[②]，这些影响是无意中出现的。

如果说国家只是其成员的总和，那么它的信用是由其中个人的信用决定的。而当政府代表整个社会行事时，它可以支配任何成员和任何最微小的细节。

因此，可以说：个人利率应取决于整个国家的利率，一个社会在财务事务中的可靠声誉和资本充裕程度将对政府信用产

[①] 门格尔以不同于亚当·斯密的形式提出了工资理论，即"不同就业的工资"。现在，他指出"关于股票利润"。就像讨论工资时是从政府支付公务员报酬的角度一样，这里所选择的讨论点是政府借款的利率。

[②] 亚当·斯密强调利率的"法律规定"，在有效的情况下（即在英国），"似乎是在市场利率之后而不是之前"。整个章节都在强调利率是表达一个国家"贫富状况"的方式。

生有利影响。自然而然，一个国家的声誉好坏①只能被视为其财务状况的非常笼统的特征；而对个人而言，个人先天和习得的特征和经济状况是最重要的因素。②

因此，利率首先取决于一个国家普遍习惯的利率以及借款人的信誉和可信度。对于资本贷方而言，借款人的信誉越高，资金安全度就越高，可信度也就越高。

同时这些特征也决定了政府的信用。③当一个国家以其资本丰富而利率较低著称时，贷款的利率也将会很低。④

这是对个人以及政府节俭的回报。如果节俭很有用，许多人就会积累资本，这时不仅个人，而且国家也能以低利率借款，并以较低的成本开展业务。如果相反，由于国家的挥霍和公民的鲁莽行为，一个国家被剥夺了资本，他们将因不利的经济环境而受到实际的损失和困苦。此外，他们也会感受到高利率的不利影响，这常常使很多企业无法运作，而且确实使一切

---

① 亚当·斯密提出"恢复……资金的不确定性"是高利率的原因之一。
② 劳的观点可能启发了本段和下一段。劳强调了不同债务人的风险差异对利息的影响以及法律安全或不安全的重要性。
③ 在《国富论》中，亚当·斯密指出，节约和囤积的愿望在君主和平民之间普遍存在。
④ 劳：当一个国家的资本储备量相对于人口增长相对迅速时，贷款的利率会很低。

都更加昂贵和更难获得。对于国家和个人来说,高利率使一切都变得更加昂贵。①

因此,在这方面,政府的频繁借款和过多的税收②会产生特殊的影响。前者会减少一个国家的资本储备,③而后者则阻碍了资本的积累。④在这两种情况下,都会导致国家利率上升。此外,国家可以借贷的利率取决于它的诚信水平和及时履行债务的声誉,就像个人一样。

因此,政府的主要义务之一就是以诚实和认真的态度进行大规模的货币运作,及时履行所有义务,⑤并维护诚实的声誉,以保证自身及整个国家的最大利益。遵守这些原则将对公民产生有益影响:经济将蓬勃发展,由于所有金融交易变得更加容易,普遍繁荣将随之而来。

---

① 门格尔再一次提出了一种与自身观点相悖的价值成本理论,他认为高利率会使一切物品更加昂贵。
② 亚当·斯密认为:调节税收是一个国家繁荣的重要原因。荷兰则被重税毁掉了,而富人的足额交税是低税率的主要原因。
③ 根据亚当·斯密的说法,公共债务减少了支持"生产性"劳动力的资本,从而削弱了一个国家的经济实力,并导致了"对资本的破坏"。
④ 亚当·斯密认为高税收会减少资本储备量。
⑤ 这里门格尔可能想到了他在维也纳大学的同事洛伦茨·冯·斯坦著作中的一段话——"公共债务的利息:财政部必须通过果断付清所欠利息来确保未来他能借到的钱的数额和价值。"

然而，政府还有一个特别的理由：必须以最诚实的态度处理其财务事务。政府的不诚实将产生重大后果。[1]对个人而言，有法庭的监督，而政府却没有可以促使其履行义务的法官。但是，政府违反诚实原则的行为将带来实质性和道德上的严重损失以及由此产生的公民的不满，这经常会导致叛乱。此外，历史经验也必须被视为重要因素，这些历史经验被认为可以防止君主和政府在国家事务方面犯下过错。

当违反经济原则导致国家一次甚至多次破产时，随之而来的代价将会非常痛苦[2]。在这种情况下，新的国家贷款的利率会大幅上涨，并且很难找到任何借贷者。如果政府对其债权人施加无正当理由的困扰和诡计，比如对国债支付的利息征收高税、关闭支付利息的机构，或以其他方式不偿还国债的利息，也会出现类似的情况。此外，国家有时可能不得不超支，而这不仅可能是国家自身的过错，有时也可能是情况所迫。在紧急情况下，人们通常不会考虑过度负债的后果，因此财务赤字不断扩大，这使得进一步融资越来越困难。因此，国库贷款的利率会不断上升，赤字将永久存在，特别是如果税收负担本来就

---

[1] 亚当·斯密："在任何对政府公正性没有一定信心的州，商业和制造业很少能蓬勃发展。"

[2] 国家公共债务导致的国家破产在《国富论》中有所提及。

相当重，公共财政已经负担了巨额债务。

如果有一定的概率预测到国家将面临战争或革命的威胁，利率也会上涨，因为每个人都知道这些事件需要大量资金并会耗尽资源，而且如果政府的税收来源停滞不前，导致工作停滞，国家的存在和秩序就会受到威胁，偿还债务和利息会变得非常困难。而公共收入，即税收，会因为没有人工作而下降，国家的秩序和存在都将面临风险，这使得偿还债务变得不确定。

如果在此类危险发生之前，国家的财政已经处于混乱状态（因为以前的错误或不幸以及动荡），那么它将在这种混乱中面临巨大的风险，几乎不可能毫发无损地脱身。国家资金充裕和信誉卓著是任何人都愿意向政府借贷的基础，也是国家的坚实基础。① 在这个基础上，国家可以平静地面对危险。

在奥地利，我们还没有达到这个阶段，但我们应该努力达到这个目标。

为此，我们首先必须努力使我们的国家银行处于良好的状态，通过大力节约实现国家收支的长期平衡，② 通过及时支付偿还增加政府的信用。如果可能的话，甚至可以通过适当的政府措施降低税收或以某种方式增加人民的财富。

---

① 亚当·斯密："和平时期不知节俭，战争时期就必定负债。"
② 亚当·斯密以此结束了《国富论》。

然后，我们将会享有良好的声誉，成为财政有序的国家，并且必要时我们将能够以适度的利率借入资金。这样，我们的国际声誉和国内满意度都会提高。

政治经济学 XII

1876 年 3 月

论土地租金上涨的原因

所有现代国家都见证了土地租金随着耕地水平不断上升而上涨。[①]

农业财产的回报逐年增长,土地无疑是最可靠的财产,在价值和回报方面保证了永久的增长。[②] 这种现象在所有发展中国家都可以观察到,特别是在那些直至今日仍有偏远地区未被耕种[③]并且没有产生收益的国家。由于不断进行耕种,

---

[①] 亚当·斯密说:"社会环境的每一次改善都会直接或间接地提高土地的实际租金。"

[②] 亚当·斯密:"土地的安全性更强。"

[③] 亚当·斯密:"良好的道路、运河、减少马车费用的可通航的河流"使租金上涨,并"促进偏远地区的种植……"鲁道夫对这个问题进行了详细说明。

这些土地产生了越来越高的收益。随着文明的进步，这些土地越来越有价值，因为它们拥有未耕种的土壤或广阔的林地。

20年前可能只能产出5000弗罗林的土地，现在可能产出10 000—15 000弗罗林的收益；在一些通过修建道路快速从最原始阶段发展到文明阶段的国家里尤其明显。土地贵族和房地产所有者比以往任何时候都过得更加舒适，这清楚地证明了土地租金不断增长。这可以解释为农产品价值稳步增长以及通过不断进行的耕种和农业带来的收入增长。无论社会阶层和财务状况如何，农业生产者都可以确保有富足的未来，并且可以确信他们的收入来源拥有最坚实的基础。[1]

这一点在较富裕的土地贵族中尤其明显，他们的收入在逐步增长，尽管食品价格不断上涨，这些绅士中的大多数现在都比20年前生活得更好。

但让我们把注意力转向造成这些现象的原因。最重要的是，我们必须把人口密度的增加视为一个重要的原因，因为生

---

[1] 这个预测非常符合亚当·斯密的风格，做出预测的时候正是海外进口导致的欧洲历史上最严重的租金萧条开始之际，这次大萧条使欧洲的土地贵族破产。

活在一块土地上的人越多，就需要越多的农产品来养活他们。[①]文明的进步为许多人提供了工作和生计，甚至吸引了国外的人。此外还需要不断发展的农业部门，由于需求增加，产品将以更高的价格销售。因此，土地所有者的收入增加了。

作为增加土地收入的另一个主要原因，我们必须提到交通的改善。农产品进入市场更快、更安全，而且最重要的是更便宜了。更便宜的运输意味着生产地的农产品价格可以更高，这使土地所有者受益，收入明显增加。也就是说，交通的改善使土地收入有可能持续增加，并保证额外的农业产出。偏远而肥沃地区的资源可能完全未经开发或至少没有被充分利用，其所有者由于交通不便无法出售产品，因此只有很少的回报甚至没有回报。现在，这些地区与市场打通，农产品可以按实际价值出售，因此所有者的财富就增加了。

毫无疑问，交通工具是文明的重要工具，因为它们使偏远的地区能够相互交换资源，并平衡了教育和财富之间的巨大差异。

回顾历史，我们可以看到文明和土地价值与收益的增加是

[①] 罗雪尔："文明的进步将以3种方式使租金上涨"——其中，第一种是人口增长及其对农业生产的影响，而人口集中在大城市则被认为是第三种方式。

如何随着交通的改善缓慢进行的。首先修建了道路，提供从肥沃地区到大城市的交通，于是运输在一定程度上得以改善。不仅是陆地交通，水上交通也显著发展。这样做的结果是毗邻可通航河流的土地可以逐步利用它们的资源。这就是为什么人们要管理河流并组织航运。随着文明的发展，人们开凿了运河用于水上交通。[1]最后，蒸汽船被发明出来，可以快速、安全地将货物运送到下游的市场。

同样，陆地交通也取得了进展。起初马车是作为早期铁路的一种形式，不久之后，火车出现了，这是向前迈出的重要一步，对农业相当有利。现在，即使是最偏远庄园的农产品也可以在最短的时间，以最低的成本、最安全的方式到达大型市场。

当然，快速和有赢利的销售导致产量大幅增长，自此以后，农业和林业就以最经济的方式实施改变，土地收入逐年增加。所有的土地都得到了最好的利用，[2]即使是最偏远的土地也由于铁路的发展而被开荒耕种，带来大量收入。

由于文明的进步，尤其是交通方面的进步，土地财产的回

---

[1] 这里与亚当·斯密的列举相对应，尽管亚当·斯密在可通航的河流之前先提到了运河（弄反了交通发展的历史顺序）。

[2] 亚当·斯密对所有"资本"的观点。

报和价值不断增长。

随着文明的进步，机械设备的利率和价格也会下降。这两方面对农业生产者都非常有利，特别是如果他知道如何进行农业创新，就可以合理利用创新来增加他的财产回报。

简而言之，文明的进步有助于增加土地的收入。人口的增长意味着对食品需求的提升以及廉价劳动力的大幅增加。可靠的交通手段将货物带到城镇，促进运输，传播文明。有用的农业机械的发明使昂贵的人力变得多余，并加快了生产过程。所有这些都是文明进步的结果。可以很明显地看到为什么土地所有者应该重点关注文明进步以及这些文明进步会如何增加他们的收入。

这些只是私人利益。还有人意识到有效耕种土地代表着个人对公共利益的贡献，也就是对国家文化和财富的贡献。这不仅是为了自己的利益，每个农业生产者也有责任跟上农业进步的步伐。谁坚持使用过时的原则、固执于过去的做法，就会伤害自己，也损害国家的财富。特别是拥有大量土地和作为土地阶级主要代表的贵族大家庭，应该树立好榜样，以最现代的方式耕种土地以改善耕作，避免落后于其他国家。通过建立示范农场作为所有农业生产者的参考标准和培训设施，贵族家庭将有最好的机会为他们国家的文化利益服务。

贵族应该牢记其在这一领域的崇高使命。由于拥有大量地产，土地贵族可以通过促进农业获得充满收益的未来，找到一个新的目标，并可以替代其消失的权力和特殊地位。然而，如果贵族仍然试图通过反抗和只顾眼前的短视行为来处理涉及国家经济利益的问题，他们将损害自己的财富，这同时也是阻碍国家进步的行为。[①]

因此，土地所有者，特别是土地贵族将从迅速采取经济领域的创新和改善中获益，这一点怎么强调也不为过。

论政府面对饥荒应采取的措施（关于价格理论）[②]

由于农业，特别是交通手段的巨大进步，饥荒已经越来越少发生。

[①] 这种对贵族的尖锐劝诫虽然没有明说，但实际呼应了亚当·斯密的怀疑主义。他说："然而，只有在很少的情况下，大量资产的所有者也是伟大的变革者……像所有其他商业项目一样，要用利润来改善土地，需要充分关注小支出和小收益，而一个拥有大量财富的人即使天生节俭也很少有这种能力。"

[②] 总的来说，门格尔跳过了亚当·斯密的"商品的自然价值和市场价值"。相反，他通过亚当·斯密提出的一个案例研究，即"关于商品贸易和商品法的题外话"，隐含地教授了价格理论，这主要涉及亚当·斯密所称的"饥荒和食物短缺"带来的问题以及政府试图应对问题的尝试。

因此，历史上经常发生的最可怕的灾难之一现在已经被彻底降低至最低限度，只在极其罕见的情况下才会发生。

由于交通方面的显著改进，一个国家如今可以通过进口来避免或至少大大缓解即将到来的困难。① 拥有工业实力和农业资源的国家在这种情况下更是安全。像俄罗斯、波兰和奥地利等农业国家，他们的财富几乎完全来自肥沃的土地，如果饥荒波及国家的大部分地区，可能仍然会相对严重。如上所述，现在只有重大饥荒才需要担心，这些饥荒让整个国家都无法提供救济手段，不得不向国外寻求帮助。

如今，由于铁路和其他各种交通手段，由于地方短缺引起的地区性饥荒几乎不会造成危险，这些事件在初期阶段就被遏制了，因为可以从相邻地区运来食品。

现在暴发的饥荒通常都是由于收成不佳造成的。

在大多数情况下，一次收成不佳不足以在富裕的国家中造成饥荒，但连续多次收成不佳则可能导致灾难。

任何饥荒对一个国家来说都是可怕的不幸。一方面，由

---

① 亚当·斯密："……在一个大国的不同地区之间，内陆贸易的自由从理性和经验上来看，不仅是缓解饥荒的最佳手段，也是预防饥荒的最有效手段。同一大陆不同国家的进出口贸易自由也是如此。大陆面积越大，水陆交通就越容易，任何一个区域也就越不容易受到饥荒灾难的影响。"

于极端的痛苦，它会导致疾病和死亡；另一方面，文明和教育的进步会受到阻碍，而被野蛮和各种犯罪所取代，这些情况都源于严重的资源短缺。国家有责任通过一切可用手段来预防灾难，在这种情况下将花费大量资金从海外进行采购，甚至将国库掏空。尽管富裕阶层在这样的灾难中受到的影响较小，但国家的整体繁荣受到了严重影响。可悲的是，受饥荒影响最大的总是最贫困的人口，那些过着艰苦生活、不断被剥削的人们。当食品短缺时，食品价格上涨，[①]公民无法负担，农业生产者首当其冲，他们的劳动无法得到回报。饥饿或者说极度悲惨的生活等待着他们。因此，在饥荒情况下，国家和每个个体最重要的责任都是尽最大努力帮助减轻贫困阶层的困境。

在饥荒期间，政府对经济问题的干预能力很弱，因此也会遇到困难和阻碍。[②]

最重要的是，政府应该想办法找到经济自救的出路——这在任何情况下都是最好的办法。

通常，这就是在这类情况下各方所采取的必要措施。当

---

① 亚当·斯密："……必需品价格过高……在饥荒中。"
② 亚当·斯密："真正的稀缺带来的不便是无法弥补的，只能得到缓解。""最好的缓解措施"是"不受限制的粮食贸易自由"。劳说政府无法控制价格，必须寻求"自然疗法"。

然，在恰当的时候自然地采取救济措施是最有利的。

如果国内粮食产量不足导致饥荒，那么当然会因为价格过高而无法出口这些粮食。相反，由于高昂的粮价，饱受饥荒之苦的国家将从邻国进口粮食。[①] 此外，所有私人企业都将主动停止蒸馏白兰地[②]，或至少将这项活动降到最低限度，以使粮食能够优先用于烘焙面包而不是用于酿酒。

---

① 亚当·斯密并没有明确说明上述两种影响——当然，这是不言自明的——但他根据粮食法对出口和进口的长篇讨论表明了这两种影响。

② 亚当·斯密没有提到对蒸馏的影响。

政治经济学 XIII

1876 年 4 月

在食物严重短缺的情况下,养牛也将采取类似的方法。在这样的时期,即使没有政府干预,家畜也会被喂食除谷物和其他适合人类食用的食品外的东西。①

所有这些措施都不是政府执行法令的结果,而是每个农业生产者由于情况所迫独立自主地实施。②

此外,在艰难和物资匮乏的时期,克制和节俭肯定会支配食物消费。穷人单纯受到食物短缺的影响被迫限制消费,他们不需要做出任何明确、特殊的决策。但在这样的时候,生活在丰富物质中的上层阶级即使没有受到限制也应该节省食品消费,从而尽可能少地影响普通人的食品供应。这是富有的贵族阶级展现真正人道主义精神的时候,而皇室应该树立榜样。这种节制将会被社会各阶层所效仿,贫困阶层将有更多的机会摆

---

① 亚当·斯密没有提到这种影响。
② 非常典型的亚当·斯密的观点。

脱饥饿。

农民也必须小心节省他们的谷物消耗。例如，当谷物非常缺乏时，应该严格避免种植浪费①，以便只使用最少量的谷物。然而，这项措施也将由农业生产者自愿采纳，因为他可能是对饥荒灾难感受最深的人群之一。

目前为止提到的所有措施都反映了个体行为②，是自然而然的路径。国民经济会让人们自行跟随这些路线。

现在让我们将注意力转向政府在饥荒时期试图采取的措施，并看看这时候哪些措施是可接受的。政府要干预经济问题是非常困难的，特别是涉及公民个人的最私人利益。

规则和法令的混乱常常产生与预期相反的效果。③例如限定粮食低价的法令肯定是无效的，因为在短缺的时候粮食应该变得更贵。尽管政府有命令，粮食价格仍然不会改变；人们只会规避法律，并在背后抬高价格，这可能和高利贷法一样。④

此外，明确禁止粮食出口的法令也是相当无用的，因为正如我们已经看到的，在这方面国民经济必须自救。如果发生饥

---

① 劳明确提到这是政府通过道德劝说所要采取的措施。
② 个体利益的社会价值显然是亚当·斯密的中心观点。
③ 这是亚当·斯密的主要观点。
④ 亚当·斯密："安全而简单的逃避法律的方法"中提到了问题的影响。

荒，出口当然会立即停止，因为国内的粮食短缺阻碍了剩余少量粮食的出口。因此明令禁止根本没有必要，而无效的政府法律总是有害的。只有当粮食仍然在出口，并且造成了明显的损害时，政府才能通过执行禁令来阻止出口，但只有在一种真正的紧急情况下，[1]政府才可以对公民个人权利进行干涉。（门格尔在空白处批注：在国外重大歉收和国内丰收之后。）因为在大多数情况下，这种规定会对农业生产者个人造成重大损害。以农业为收入来源的国家尤其如此，大量耕地即使在非常歉收的情况下也能避免粮食短缺。如果这样的灾难在一些国家普遍发生，包括那些在相对丰收的年份产量也较少的国家，那么农业国家可以抬高粮食出口的价格。而如果国家通过对一些人颁布禁令来禁止这种行为，对这些个体而言就是赤裸裸的歧视。[2]的确，这对农业生产者和谷物商个人的好处是可以将食品带出国外，然而外汇因此流入。此外，禁止向极度艰难的国家出口

---

[1] 门格尔建议在饥荒时停止谷物出口，这与亚当·斯密和劳的观点不一致。劳明确表示，禁止谷物出口经常是无效的，但在"紧急情况下"禁止蒸馏是合理的。门格尔在随后的论证中提出了或多或少相反的观点。也许鲁道夫混淆了内容，这可能是短期权宜和长期最佳利益之间的对比。

[2] 这些言论涉及奥地利的特殊情况，奥地利仍然是一个以农业为主的国家。特别是奥地利在1867年有幸丰收，而整个西欧都收成不佳，这让奥地利的粮食出口带来了很高的收入。

食品可能会招致报复。例如，邻国可以长时间暂停出口本国急需的产品，或者在再次发生饥荒时，其他国家也会停止其粮食出口，从而大大增加本国的不幸。

因此，如果政府把公民的福祉问题留给他们自己会更有利。这样肯定会得到最好的结果，因为在面临危险和困难的时候，个人永远不会分散和浪费宝贵的食物。最常见、最简单的常识会引导一个人本能地节约，并迫使他采取限制措施适度消费食品，只管人能吃饱，而不顾所有其他可能的用途。

因此，政府以家长式作风令人厌烦地颁布各种法规是没有用的，例如禁止从谷物和土豆中提取白兰地。如今，这样的规定很少会有效果，因为当个人的理性、教育和意志力不可救药时，法律文书和政府文件根本不起作用。此外，也不可能保证这些法令被完全遵守，因为它们严重影响了个人的私人领域，不是每个人都能受到如此严密的监视。对于节约谷物进行播种和做面包来说尤其如此。在这两种情况下，节俭都是出于基本需求和常识，如果国家试图通过强制实现这一目标，实际上必须给每个公民分配一个官员来监督他——这可没那么容易。

简而言之，这不是政府能够或应该表明其急于改善这种不幸情况的方式。和其他情况一样，只有当公民自己的手段不足以改善其处境或避免危险时，政府才有义务保护他。因此，政府只有在极端情况下才应该从国外大规模进口粮食。但即使这样，也必须注意不要阻止私人买卖，因为这种交易可以让大量食品流入国内。

如果某些事件预示着可能会发生饥荒，政府应该尽快开始采购食品，用通俗易懂的宣传手段提醒所有农业生产者即将到来的危险。①一方面通过这种呼吁促进公民个人的谨慎和勤勉，另一方面应该激发这个濒危国家的每个公民的社会精神和做出牺牲的意愿。在这种时刻，政府应该表明它能做的不多，并引导公民通过自己的韧性、勇气和集体精神找到对个人和国家最有力的支持。政府应该表明，在这种时刻，它能做的事情是多么的少，应该让公民自行决定，指示他，他将在自己的韧性、勇气和集体精神中找到自己和国家最坚定的支持。

明智的政府、愿意做出牺牲的上层阶级以及意志坚定的民众将携手抵御最严重的饥荒，并找到迅速克服它的方法。

---

① 劳建议政府收集有关收成的准确信息。如果预示着必须进口谷物，则应尽早由谷物商人自行承担风险；只有在紧急情况下，政府才会以购买者的身份介入。

公共财政税收 I

1876 年

论直接税和间接税

国家是所有公民的总和,经常被比作一个人,代表着个人的利益,当个体无法做到时,需要大量的资源来实现其目标。

只有在极少数的情况下,政府拥有可观的收入来源。它必须寻找社会财富来实现其目标,并通过征税来获得这些财富。公平征税的想法可能非常高尚,[①] 但在实践中很难征收适当的税——这是一项无与伦比的重要目标,任何政府都不能忽视。

只有未受教育和短视的人才会因为考虑不周而对征税提出反对意见。但是,如果国家之船的领航员误用和混淆委托给

---

① 参考亚当·斯密的观点。然而,并没有提出亚当·斯密 4 个税收原则中的所有原则。

他们的共同利益，并因此导致长期的财务困难和更高税收的情况，公民的这种不满是合理的，而通过任何手段尝试改善也是恰当的。出于这些原因，一种按个人收入比例征税的税收体系就很有必要了[①]。

最重要的是，应该努力引入比例税，即按照个人收入的比例征税，[②]而不是不考虑个人财力施加相同税负的系统。所有税收的最终目的是实现政府的宏大目标，每个享受其成果的人都应该尽其所能做出贡献。如果可行，所有人就可以根据净收入按比例交税，最贫穷的阶级交完税后还能剩下满足基本生活需求的钱；而没有财产的公民有权要求社会为他们提供保护[③]。国家的主要利益是尽可能地促进和支持普遍繁荣的发展，因此，它应该首先尝试尽可能地降低所有的税收，特别是那些穷人的税收。

在特别严重的情况下，当一个人和整个家庭辛苦工作的所有工资只够维持最基本的需求和生存，无法存下任何钱的时

---

① 亚当·斯密的第一个税收原则是按照各自的能力征税，即按照他们各自享有的收入的比例征税。

② 除亚当·斯密之外，门格尔可能还参考了劳的观点。劳在他那本非常著名的教科书中呼吁按收入比例征税。

③ 亚当·斯密说："富人应该对公共支出做出更多贡献，不仅是按收入比例交税。"

候，国家不可能用税收毁掉最正直的和勤劳的成员。即使他能从工资中存下一小部分钱，国家也不能让他把这些钱全部拿来缴税，因为对国家而言这只是很少的收入，但对节俭的劳动人民而言，这些钱可以发挥很大的作用，他们也许就是未来的小资本家。一旦这些人实现了一定的繁荣，他们对任何国家都一定是强有力的支持，因为艰难的生活和痛苦的生存斗争已经使他们非常坚强了。[1]

政府必须保障他们最低限度的生存；然而完全免除他们的纳税将意味着免除整个阶层的人为维持秩序良好的政治制度做贡献，但他们像任何富人一样享有这些收益。在许多人看来，这一阶层将因此失去要求和行使自己权益的权利。[2]

然而，对富有的公民必须按照其净收入累进征税，无论如何这绝对是最好和最有利的方法；拥有所有公民收入的确切信息意味着国家的总体财富也是已知的，可以用公正的方式征税。

但是就像许多事情一样，这种形式的税收虽然在理论上

---

[1] 亚当·斯密将按工资计税视为"愚蠢和有害的"，与门格尔的观点有所不同，因为他认为这些税收方式很快就会被淘汰。

[2] 亚当·斯密："……每一项税收……对于付款的人来说，不是奴隶的标志，而是自由的标志。"

是高尚和符合道德的，但在实践中却是不可行的。只有在人们深刻改变其天性、像一个大家庭一样努力提高和促进共同利益时，这种税收才能发挥作用。

让我们先来看看在目前的情况下对按净收入征税的实际阻碍。①

大多数公民需要很多钱维持生活，尤其是相比于其赚钱能力。而这些钱将会因为税收负担减少而很难立即得到补偿，因此人们会试图通过隐瞒其收入、声称债务重重或其他一些方法来规避税收。②

在这方面他们是可以成功的，因为除由国家支付工资的公务员之外，几乎不可能知道个人公民的真实收入。

需要有一个官方机构来监督各种企业和交易，③而这本身就会增加征税成本。税收对某些人征得过轻，对某些人征得过重，正是对于净收入的不了解导致了这种不公正，对于大多数社会阶层来说，几乎无法改变这种不了解的情况。④

---

① 劳强调只应对"净收入"征税。
② 这段和下一段参考劳的观点。
③ 根据劳所说，德国的税收征收成本占所征收金额的十分之一到八分之一。
④ 本段结合了亚当·斯密有关税收的第二条和第四条原则，即税收应具有确定性和低征收成本。对于后者，亚当·斯密抱怨有"大量（征税）官员"。

对更加富有的阶层来说尤其如此。

另一方面，在无产阶级中，按净收入征税将导致欺骗政府和试图逃避直接税收的行为。因为在许多情况下，某些社会阶层不适合缴纳直接税：

（1）因为他们无法存下必须按季度支付的直接税的金额。[1]

（2）因为他们可以轻易地逃避直接税。

因此，有效征税的主要障碍是某些社会阶层缺乏稳定性和经济性以及许多有产阶级成员的收入状况难以确定。那些收入和全部生活来源都来自公共服务的群体将很容易被征税，因为他们的收入由政府支付，可以知道确切金额。但对于所有其他与政府服务无关的行业和职业，征税将相当困难。

因此，对于其他公民，引入了两种税收：

（1）收入税。

（2）购买税。[2]

（门格尔在空白处批注：只解释了这两种税的含义！）

---

[1] 劳引入了直接税和间接税的区分，亚当·斯密没有提到这一点，而门格尔的解释显然并不完全。根据劳的说法，政府的目的是直接税不应转移。

[2] 这是劳的分类方法。劳谈到税收有按财富或可征税性（劳使用了词语"估价"）和按财富的用途或支出（他称之为支出或消费税）两种方式。

对于房地产所有者[1]、各种企业家以及金融资产所有者，收入税是非常有利的，事实上到目前为止也是无法超越的。征收的基础不是总收入或净收入，因为所有者往往不知道自己的收入，而是对资本回报进行征税（空白处写着：这里的回报与房地产所有者的净收入实质上是不同的。但是税务机关的思路是这样的：一旦回报被计算出来，就必须将其作为收入。按回报征税近似等于按收入征税。）这样，国家可以根据实际情况，而不是刻板地征税，从而避免自己的劣势，通过收入税保护其公民的资本储备。

举例而言，房屋税目前就是以这种方式实施的。在公寓楼中，各个租户支付的租金是已知的，因此房屋的回报是已知的。然后扣除维修费用，计算其余税收。对于业主自己使用而不出租任何部分的建筑物，将其租金价值与附近的类似公寓楼进行比较，计算相应的税收。[2] 在不能这样比较的情况下，如大多数农村地区的房屋没有周围建筑物可供比较。就按照房间数量进行征税，这被称为分类房屋税。[3]

---

[1] 亚当·斯密认为对房屋按比例征税是最好的税种之一，也是税收基准可以"足够精确"的税种之一。
[2] 劳详细阐述了这种税收的机会成本。
[3] 这里门格尔使用了亚当·斯密书中的段落，细节则是参考劳的观点。

土地则按照面积、质量以及土地作物的价格来征税,换句话说,最终也是按照收入来征税。

计算资本家真正的收入是国家面临的最大问题,因为资本家只靠资本利息生活,[1]没有其他收入来源。[2](门格尔在空白处批注:国家要怎么处理这个问题?)

(门格尔在空白处批注:详细说明间接税的特殊优势。参见2页后的内容。[3])

对无产阶级无法征收回报税。为什么?正如我们所看到的,收入税也是不可行的。因此采用购买税。为什么这么特别?主要有两个原因:

(1)几乎没有稳定性收入。

(2)无法大额纳税。

(门格尔在空白处批注:为什么这种税被称为间接税?)最好通过旨在对某些消费行为征的间接税来解决这种情况。[4]

---

[1] 在阐述这一困难和使用"资本家"一词时(在前马克思主义的狭义意义上,是以资本利息为生的租房者),门格尔参考了劳的观点。
[2] 亚当·斯密同样对利息税持怀疑态度,并指出(作为与土地租金税的第一个区别)"他所拥有的股本总额几乎总是秘密"。
[3] 指原笔记中位置。——编者注
[4] 亚当·斯密表达了相同的质疑。

这种税被加到成本上，但并不立刻出现在政府税收中。[1]这样，只要在国内，就没有人可以免于被征税，即使是穷人也可以为公共财政做出贡献（门格尔在空白处批注：这里描述了间接税的好处，详见后面2页[2]）。

然而，无论间接税的优点多大，特别是对无产阶级适用，它们仍被视为辅助的税收形式。因为直接税是更精确的按收入或回报征税的方式。或者更确切地说，国家可以以更低的征收成本筹集更多的资金。国家将尽可能通过征收直接税来满足其整体需要，而通过间接税使无产阶级缴纳税收。

税收意味着人民的牺牲，甚至连爱国精神也可能会被过度的税收负担大大抑制。因此，政府必须保持关注，尽量避免出于自私的目的施行这种遭人厌恶的行为，或者至少要做更恰当的包装。[3]最后一招是在合适的范围内使用间接税来达成目标。

---

[1] 当我们知道亚当·斯密认为必需品税只会增加劳动力成本（即转化为更高的工资）时，这句隐晦的话就变得清晰了。门格尔的这句话显然没有被鲁道夫完全理解，而是以一种混乱的方式被记了下来。

[2] 指原笔记中位置。——编者注

[3] 亚当·斯密的税收观点之四：可以轻易提高税收，据说直接税的提高成本更便宜。劳详细论述了征收消费税的成本更高。亚当·斯密只反对了一点，但非常强势，就是征收奢侈品消费税。

此外，我们必须考虑到这种税收方式的一大优势是让逃税行为变得不可能。有些人试图通过隐瞒来绕过直接税；另一些人真的无法支付即使是很少的税款。

公共财政税收 II

1876 年

（接上篇笔记内容）但是只要这些人在国内，他们就无法逃避间接税，而他们常常对这种税收的存在毫不知情。这种税是在他们享受生活的过程中征收的。无论是在国内哪里购物，每一杯啤酒或葡萄酒、每一份食物都会向国家缴税。这种税收负担并不会让人感到过重，而且由于缴纳这些税的场合很多，它们失去了税收的特征，而支付者在享受消费时也会忘记它们的存在。此外，价格只会略微上涨，感觉并不明显。而消费者，尤其是教育水平不高的阶层中的消费者，任何不满都会被归咎于实际的税收征收者，例如旅店老板、商人等，而不是国家。如果想过上稍微好一点的生活，没人能够拒绝缴纳这些税，因为在许多情况下，如果想逃避这种税，除了放弃必需品的消费之外几乎没有其他办法。

对于生活水平更高的有产阶级而言，直接税是合适的税收形式，因为他们能够为公共利益做出更大的贡献；相反，对于社会中的无产阶级，他们大多生活艰苦，间接税则更为合适，因为尽管不必缴纳直接税，他们仍然为公共利益做出了贡献，从而在根本上获得了完整的公民权利。

这种同时征收直接税和间接税的方式不能保证实现完全公正的税收制度，即根据每个人的收入按比例征税，但这是最接近公平的方式。

两种税收形式都有缺点，在大多数情况下，国家不可能完全得到它想要的东西。然而在大多数情况下，这两种税收形式的结合创造了一个比较有效的系统。如果富人支付的直接税太少，通常可以通过增加他们的间接税来弥补。况且让国家偶尔遭受一点损失总比过度征税危及国家财富要好。

已经讨论了直接税和间接税的优点，接下来要讨论哪些物品最适合征收间接税。必须牢记间接税的根本目的是让无产阶级分担税收负担，因此应该对无产阶级最常消费的物品征税。一方面，那些主要被有产阶级消费，因此销量较小的物品，即使征税也无法给政府带来多少收入，对它们征税反而会影响生产。[1] 另一方面，仅有产阶级会使用的物品不应该征收间接税，因为有产阶级最好是通过直接税来分担政府的负担。政府可以

---

[1] 亚当·斯密解释说："这些税收必然会对某些行业造成一定的破坏或打击。"

通过间接税来影响个人生活中最重要的关系，也可以利用这种影响教育公民。但政府实际上并没有权利这样做，因此干预个人市场和私人领域很容易出错，此外征税还可能会损害国内很多繁荣的产业，就像大多数奢侈品税那样。

最适合征收间接税的物品是常见的食品和可立即消费的娱乐品，[1]例如啤酒、葡萄酒、白兰地、糖以及政府垄断的商品，例如烟草、盐、火柴等。（空白处写着：最常用的。）

因此，将间接税原则应用于奢侈品或有产阶级的收入，这侵犯了公民的个人权利，也对那些已经受到直接税重压的公民构成了额外的负担。

如果资本收益已经被征税，对存量资本再征收间接税是不合理的，这违反了公正税收的目的，会削弱社会团结。

税收制度和坚决公正的执行是最能证明政府公平性的。

政治家们应该在社会的信任和支持下推动共同利益，即那些仅依靠个人无法获得的利益。他们不仅应该以最有效的方式获取国家所需的资源，还应该以社会利益最大化的方式来支配这些资源。他们掌管许多人的财富，这些人希望将其财富委托给政治家们共享果实。因此，税收收入的用途必须使整个社会

---

[1] 劳的观点。下面的段落提到了除火柴外所有列出的征税的商品。基本完整列出了劳提到的商品，只是省略了肉。

受益。这是那些被赋予税收职责的人最崇高的任务,因为这需要对共同利益有清晰的理解,以及智慧和谨慎。

用于国内政策的最低的税收,特别是为增加总体财富而征收的税,对社会最为有利。因为通过耗尽国内财富而展示对外强权实际上反映出一种软弱,并且在大多数情况下,只有自私的野心家才会这样做。

在社会财富最多、教育最普及、个人自由和满足度最高的地方,政府将最为强大并接近其终极目标。这时,税收将不再被视为负担,而是成为改善个人福利和增强整个社会力量的手段。